CONTINENTS NOIRS
Collection dirigée par Jean-Noël Schifano

DU MÊME AUTEUR

Aux Éditions Gallimard

Collection « Continents Noirs »

Place des Fêtes, roman, 2001

Hermina, roman, 2003

La fête des masques, roman, 2004

Aux Éditions du Mercure de France

Le paradis des chiots, roman, 2006

Filles de Mexico, roman, 2008

Al Capone le Malien, roman, 2011

Nouvelles Éditions africaines de Lomé

Femme infidèle, 1988

Aux Éditions de La Cheminante

La couleur de l'écrivain, 2014

Aux Éditions JC Lattès

Ainsi parlait mon père, 2018

Aux Éditions L'Harmattan : essais

Formation d'une élite paysanne au Burkina Faso, 1995

La sexualité féminine en Afrique, 1999

La prostitution à Cuba, 1999

L'Afrique à l'épreuve du sida, 2000

LES FABLES DU MOINEAU

SAMI TCHAK

LES FABLES DU MOINEAU

Postface d'Ananda Devi

CONTINENTS NOIRS *nrf* GALLIMARD

© Éditions Gallimard, 2020.

LE MOINEAU ET LE BAOBAB : ICI SE LÈVE LE JOUR

Le moineau a dit... Je viens d'échapper à la mort, je viens d'échapper aux griffes d'un chat, je viens d'échapper à l'appétit du chat. De frayeur, mon cœur bat encore. De frayeur, mon cœur bat toujours. Je me suis envolé, après avoir échappé à l'appétit du chat, vers le sommet du baobab. Je me suis posé sur un énorme doigt du baobab. Mon cœur a mis du temps avant de s'apaiser. Maintenant, du haut du baobab, je regarde le chat auquel j'ai échappé. Il s'est éloigné du lieu où il aurait pu écrire la fin de mon histoire. Je repense à cet instant précis où, alors que je cherchais sur le sol un grain, une miette, un insecte, alors que je répondais à l'impératif de mon ventre, le chat, chasseur aux pas de velours, a fait un bond pour tenter de m'attraper, je repense à cet instant où j'ai échappé au chat en laissant deux plumes.

Perché sur le doigt du baobab, ce qui m'envahit soudain, c'est l'angoisse née de ma fragilité que le chat m'a rappelée de façon tellement brutale. Comme tant d'autres êtres dans la force de l'âge, qui marchent, fiers, toisant l'horizon, et qui, soudain, titubent, chutent, se relèvent amoindris, ou ne se relèvent pas. Je n'ai plus tant d'années à passer sur la terre, ma durée de vie est celle d'un moineau, mais l'idée qu'à tout moment un chat pourrait faire de moi son repas, une idée avec laquelle je suis né, mais qui, maintenant, m'explose à la conscience comme une vérité nouvelle, cette idée assombrira le reste de mes jours.

Je tente de confier mes angoisses au baobab. Mais, au lieu de lui parler du chat qui a été à une griffe de me tuer, je lui demande, au baobab, qui accueillera, lui, dans ses branches, plusieurs générations d'oiseaux, dont des moineaux, je lui demande : « Tu viens d'où ? » Il me répond : « De la terre. » Je dis : « Certes, il a fallu que tu passes par la terre, mais, tu es venu, peut-être, d'abord du ciel ou du cloaque d'un oiseau, car les oiseaux aussi portent des forêts. » Le baobab éclate de rire : « Pensée de moineau. » Je dis : « Oui, je ne suis qu'un moineau, mais, je le répète, les oiseaux aussi, même les tout petits comme moi et même ceux qui sont encore plus petits, portent et sèment la flore. Donc, j'en ai porté moi-même, j'ai porté et semé la flore. » Le baobab continue de rire : « Prétention d'oiseau minuscule. Toi tu aurais semé la flore, c'est-à-dire une partie de la flore ? » Je dis : « Baobab, tu peux continuer de rire de moi, mais la graine d'où tu viens n'était pas plus grosse que l'œuf d'où je suis sorti, moi, sans plumes, le bec en premier. »

Le baobab se fait silencieux un moment, puis il soupire. Je crois qu'il prend conscience soudain de son origine, c'est-à-dire de la graine qui, peut-être d'abord transportée dans le ventre d'un oiseau, a ensuite, sous la terre, pris vie, émergé à la surface, fait racines, plante au départ fragile et qui, durant de longues années, a grandi, grandi, grandi, pour devenir un géant.

«Moineau, dit le baobab, je t'avoue que du haut de ma splendeur, avec mon imposante stature d'aujourd'hui, j'avais fini par oublier que je ne fus qu'une petite graine.» Je lui réponds : «Je l'ai compris, j'ai compris que tu avais oublié la graine de tes origines, mais moi, moi le moineau, je n'ai jamais oublié que je suis sorti d'un œuf tout petit et si fragile.» Il soupire, le baobab. «Moineau, dit-il ensuite, je te remercie de m'avoir rappelé que je ne fus qu'une petite graine. Dis, tu as sans doute beaucoup d'autres leçons à me donner, beaucoup d'autres choses à raconter, n'est-ce pas, toi qui, petit oiseau, as dans ta mémoire des richesses dont se nourrirait la terre entière.» Je réponds : «Baobab, je suis touché, flatté, par tes mots, flatté que toi ce géant tu accordes une telle importance à mon petit corps. Mais, toi qui vois de près et au loin, qui aussi plonges ton regard au fond de la terre, tu as sans aucun doute plus de choses à raconter que moi, surtout que ta présence dans notre monde est d'une très longue durée, alors que je n'y suis, moi moineau, qu'un bref passager.» Le baobab sourit, puis dit : «Moineau, il est vrai que je vivrai infiniment plus longtemps que toi, que physiquement, tu es insignifiant par rapport à moi, mais c'est aussi toi qui m'as rappelé que je ne fus qu'une petite graine et que cette graine n'était pas plus grosse que l'œuf d'où tu es sorti. Pourtant, l'adulte que tu es devenu, celui qui m'a donné une leçon, n'a même pas la taille de mon doigt. Donc, moineau, je ne crois pas que les histoires que nous avons à raconter soient proportionnelles à notre taille ni au temps de notre passage sur la terre, elles sont juste le reflet de la vie, le résumé de notre commune condition de passagers. D'ailleurs, de nous deux, puisque c'est toi qui, objectivement, quitteras ce monde bien avant moi, c'est aussi toi qui devrais sentir l'urgence de raconter, c'est toi qui devrais nous offrir les lumières de ta mémoire. Quand tu ne seras plus là, moineau, moi baobab, je continuerai à te porter jusqu'au bout de mes doigts et de mes racines.» Je dis : «Baobab, je te remercie. C'est vrai, de la vie, en effet, j'ai capté quelques miettes d'histoires, mais elles n'intéresseraient personne. En revanche, toi, qui vis si longtemps, toi le géant, tu as, venues du ventre et de la surface de la terre, même du ciel, des histoires plus intéressantes, plus riches à raconter. Donc, c'est à toi de raconter. Et je m'enrichirai de ta mémoire avant de retourner au silence définitif. — Moineau, tu ne m'as pas compris. Je te rappelle que tu vis des dangers au quotidien. Ainsi, il y a juste quelques instants, un chat a tenté de te tuer. Peut-être te tuera-t-il avant la nuit, aujourd'hui même. C'est pourquoi tu devrais, toi, raconter, oui, raconter tes souvenirs, pas seulement à moi, mais au monde entier. Pépie ta mémoire, moineau, pépie-la, avant que le soleil ne se couche. — Baobab, tu as raison. Pour moi, il y a urgence à raconter. Donc, je m'en vais raconter mes souvenirs. Mais, pour qu'ils aient plus de force, je tenterai de les entremêler avec ceux d'un petit garçon que tu as vu naître, le fils du forgeron. — Moineau, va et raconte. Que tu le fasses seul ou avec le fils du forgeron, c'est toi que j'écouterai avec toutes mes oreilles de baobab. — Merci, baobab. Je vais m'envoler et retourner au sol. Je ne sais si du haut de ta taille, tu percevras l'essentiel de mon pépiement. Peut-être la voix du fils du forgeron s'élèvera-t-elle au-dessus de la mienne et sera-t-elle la seule à te parvenir. — Non, moineau, mes racines t'entendront et traduiront à mes branches les leçons à tirer de tes mots. C'est toi qui m'intéresses, toi. Donc, pépie-moi ta mémoire. »

J'ai pris congé du baobab pour retourner sur la terre, je me suis posé devant la forge, d'où sortait à ce moment-là le fils du forgeron. Dès qu'il m'a vu, il a ramassé un caillou, mais je lui ai dit : « Ne me tue pas. J'ai des choses à raconter, toi aussi tu en as à raconter. Toi et moi portons la mémoire de ce village. Tu te souviens, je me souviens. Le temps que nous avons habité ne garde rien de nous, mais nous en avons picoré et digéré des fragments. N'est-ce pas, petit garçon, hein, Aboubakar ? Donc, lâche ton caillou. » Il m'a répondu : « Je laisse le caillou loin derrière nous, moineau, et je m'en veux de l'avoir ramassé avec des mauvaises intentions. Pour me faire pardonner, je vais te donner quelques grains de mil. » Je lui ai dit : « Non, garde tes grains pour une autre fois, car, pour le moment, je voudrais me nourrir de tes souvenirs et te nourrir des miens. Regardons donc notre commun horizon. — Moineau, alors, à nos souvenirs ! — Aboubakar, à nos souvenirs ! »

Nous venions ainsi de signer un pacte de souvenirs, lui et moi...

*

Je suis Aboubakar, le fils du forgeron, le fils du boiteux. Je m'en veux d'avoir d'abord pensé à tuer le moineau, mais nous avons l'habitude de tuer des oiseaux pour en consommer la chair. Dans ce village, notre pacte avec les animaux domestiques et sauvages, c'est un pacte de mort. Aussi, peu d'espèces d'oiseaux échappent-elles à notre envie de tuer. Mais je viens, pour moi seul, de changer avec le moineau le contenu de ce pacte : au lieu qu'il soit de mort, il sera de souvenirs. Cependant, il nous faut nous entendre sur la nature des souvenirs que l'oiseau et moi conjuguerons pour offrir un aspect de la mémoire de ce village. J'ai dit : « Moineau, une seule année de vie comporte plus de souvenirs que nous n'en pourrions jamais raconter. Notre pacte mérite d'être précisé. » Le moineau a dit : « Aboubakar, il y a quelques instants, j'ai échappé aux griffes d'un chat, je me suis envolé à temps pour aller me confier au baobab, et dès que je suis redescendu sur le sol, j'ai failli me prendre un caillou, le tien. Je suis donc habité par ma condition de vivant... » J'ai dit : « Je ne comprends pas. — Fils du forgeron, il y a une lumière au cœur de la condition du vivant, une lumière... » J'ai dit : « Je ne comprends toujours pas. » Le moineau a dit : « Celle qui court du ventre de la terre jusqu'aux étoiles, touche tout le monde, qu'on vole, qu'on marche à deux ou à quatre pattes, qu'on rampe, qu'on nage, qu'on soit visible ou invisible, grand ou petit. » J'ai dit : « Je ne comprends toujours pas, moineau. » Le moineau a dit : « Aboubakar, la lumière qui unit tous les vivants, c'est la mort, qui court de toi à moi, que la mienne vienne de ta main ou d'ailleurs, que la tienne vienne d'un serpent ou du silence, la mort est notre commune lumière, et c'est parce qu'elle existe que le souvenir a du sens. » J'ai dit : « Je comprends maintenant, mais alors... » Le moineau a dit :

« Nous nous souviendrons de la vie, donc de la mort. Et je te propose que nous le fassions à partir des animaux. » J'ai dit : « Nous ne parlerons donc pas des humains ? » Le moineau a dit : « Les humains sont des animaux, et les autres animaux portent les humains dans leur mémoire, comme ils habitent la mémoire humaine. » J'ai dit : « Nous allons donc construire nos souvenirs autour de la lumière qui court entre tous les vivants, qu'ils soient petits ou grands, visibles ou invisibles, nous allons construire nos souvenirs autour de cette lumière, cette belle lumière universelle : la mort. » Le moineau a dit : « Oui, la mort. »

Un insecte a tenté de se mêler au pacte. Malheureusement pour lui, le moineau ne l'a pas épargné.

« Je n'ai pas mangé depuis quelques heures, j'avais donc faim, même si j'avais refusé tes grains », a dit le moineau, qui, ensuite, s'est excusé de s'être nourri de l'insecte, lui qui, quelques instants plus tôt, ce même jour, avait échappé par deux fois à la mort. « C'est de cela que nous allons parler, moineau, de ces complexes rapports entre la vie et la mort, n'est-ce pas ? Tu viens donc de nous en donner une illustration. » Le moineau a dit : « Océans de vies qu'avalera un petit trou noir ! »

Puis, il s'est envolé en lâchant sur mon épaule droite, comme signe de la confiance qu'il me faisait désormais, une petite fiente molle.

Nous nous sommes revus le soir devant la forge de mon père. Le moineau a dit : « Tu useras de beaucoup plus de paroles que moi, Aboubakar, mais, en les tamisant, il en resterait un sens qui ne pèserait pas forcément plus lourd que ce qu'il résultera de mes miettes de pépiements. Moi moineau, je dirai surtout le fond des choses. »

C'est ce que nous avons fait et continuons de faire. Nos conversations ont duré, et dureront encore, des années, car, après sa mort, le moineau s'est installé dans ma mémoire où il parle toujours, où il dialogue toujours avec moi, et moi je lui raconte, en plus des souvenirs liés à notre village, une partie de ce que, devenu adulte et parcourant le monde, j'ai pu voir ailleurs. En moi, l'enfant a parlé, l'adulte continue de parler. Vivant, le moineau a parlé. Mort, il continue de parler. Le Temps est un tout où le présent, le passé et le futur ne sont séparés par aucune distance. Le moineau et moi vous demandons de nous écouter maintenant.

Ouverture de la porte des souvenirs !

L'UNIVERSELLE LUMIÈRE DES VIVANTS : MÉMOIRE DU VILLAGE

Je me souviendrai toujours de ta mine, de ton regard où se lisait toute ta douleur. Je ne sais à quel moment tu avais fini par comprendre que tous les soins que tu prodiguais à ton bébé étaient inutiles devant la décision, déjà radicale, de la mort. Ta langue de mère avait beau débarrasser ton bébé de tout ce qui l'enveloppait et l'entravait, tu ne vis de sa part ni le moindre mouvement ni le moindre cri, mais, alors que nous avions, mon père et moi, déjà compris que le lait dont ton pis était empli ne serait jamais bu, tu étais, toi, toujours habitée par l'espoir de percevoir le frémissement de la vie en cette part sortie de toi. Le bébé était beau, inerte et beau, il te ressemblait, beau. Tu tournais autour de lui, puis, ta langue... Chaque fois que je me suis retrouvé devant une mère pleurant la perte de son bébé, je t'ai revue, ce matin-là où, pour ton premier vêlement, toi si jeune, tu faisais aussi l'expérience de la perte, tu léchais le bébé mort avec tout le feu de la vie sur ta langue.

Je ne pouvais deviner que tu ne survivrais pas longtemps à cette perte à laquelle j'attribuai, peut-être à tort, ta maladie. Car, tu n'eus plus le goût de l'herbe fraîche, le goût du son, le goût des feuilles tendres. Même de l'eau, tu ne voulais plus, tu poussais plutôt des cris plaintifs... Tu commenças à te décharner. Alors, Salifou Métchéri Tcha-Koura, mon père, prit une décision qu'aujourd'hui encore je tente en vain de comprendre : t'égorger pour faire profiter de ta viande toutes les familles du village. C'était lui-même qui, ce matin-là, avec un couteau issu de notre forge, avait mis fin à ta vie, et je revois encore les yeux vitreux de cette brebis égorgée, je revois sa langue pendue, je revois son beau pelage. Quelques instants plus tard, dépiautée, dépecée, tu t'en allas, en morceaux, dans toutes les concessions du village où tu donnas du goût aux repas. Mais je n'ai, par la suite, plus réussi à voir une brebis sans penser à la nôtre, à cette jeune brebis dont le premier et unique petit naquit mort, cette brebis qui, après son agneau, mort-né, tomba malade et dont la viande fit le bonheur du village. Il ne m'arrive plus de consommer de l'agneau sans que me remonte à la mémoire l'image de cet agneau mort-né, que sa mère, notre jeune brebis, léchait, nettoyait, retardant ainsi le moment où elle devrait admettre l'évidence : elle n'allaiterait pas, elle n'élèverait pas, elle n'éduquerait pas.

*

Des termites ont poussé des ailes. Voici la pluie. Les termites ailés sont sortis de la termitière, se sont envolés nombreux à la conquête d'autres territoires pour y ériger de nouvelles termitières. Mais, sur leur parcours, des prédateurs, dont nous les humains avec, au sol, nos cuvettes d'eau et nos lampes qui les attirent. Ils tombent dans l'eau des cuvettes ou sur le sol. Ailes arrachées ou mouillées, ils ne peuvent plus s'envoler. Nous les ramassons pour les griller. Moineau, à Kinkole, village des pêcheurs à quelques kilomètres de Kinshasa, j'ai vu des jeunes gens, filles et garçons, vendant, nombreux, dans des seaux ou autres récipients, des vers de palmiers, grosses larves d'un coléoptère qui bat des ailes au cœur de mes souvenirs. Nombreux aussi, en vente toujours, dans des contenants identiques, des grillons, plusieurs centaines. C'est la première fois que je voyais autant de grosses larves et de grillons, grouillant au fond d'un récipient. Je vois les insectes dans ma tête, des larves de palmier, des grillons. Tant d'autres insectes me reviennent en saveurs diverses, succulences. Oui, je les vois, succulences, et je sais, en voyant des insectes dans le monde, partout dans le monde, que mes goûts culinaires volants, mes goûts, pourraient devenir les goûts du monde, les goûts de tout le monde, que s'il y a déjà, aujourd'hui, des centaines de millions de personnes sur la terre consommant des insectes, certains insectes, ils seront un jour des milliards à les savourer quotidiennement, car le monde, dans son évolution, le monde qui avance, retrouvera forcément ses fragments de vérités aussi vieilles que lui, et les insectes, arrivés sur la terre avant nous, qui nous survivront certainement, les insectes, ceux qui volent dans ma mémoire, ceux qui n'ont pas d'ailes, ceux qui vivent dans les arbres, ceux qu'on élève, ceux qui, par milliards, peuplent l'univers, les insectes, tous, des plus inoffensifs aux plus nuisibles, les insectes, connus de moi, inconnus de moi, les insectes, tous, un jour, les insectes gouverneront le monde et je serai, moi, peut-être tout mon village aussi, dans la mémoire des insectes qui gouverneront le monde, des insectes qui circulent dans notre sang, ceux qui se nourrissent de notre sang (ils sont nombreux, les insectes qui se nourrissent de notre sang, ces insectes dont certains, comme des intermédiaires aguerris, mettent en lien des familles entre elles, des lits entre eux, des corps entre eux, puces, tiques, moustiques, punaises, des maladies d'un corps à un autre, buveurs de sang comme les asticots dans des lieux humides où ils tracent leur chemin vers leur destin de mouches, poux, morpions...).

*

Lorsqu'elle revient dans mes souvenirs, je sens la mollesse de son corps massif, blanc, plein d'eau et de graisse, énorme corps, surtout par rapport à sa propre tête et au roi, son roi, le mâle avec qui elle engendre toute la population de la colonie, soldats, ouvrières, etc., je sens cette masse qui peine à se déplacer, qui ne se déplace presque pas, et je pense à la migration, quand il faut organiser le transport de cette reine, la reine termite, mais je sais, je m'en souviens, que nous en raffolions, que nous raffolions de ce termite qui, de la taille normale des termites de son espèce, a été choisi par les siens pour être reine et qui, gavé, s'est enflé, a pris une taille impressionnante, combien de fois sa taille initiale, je ne le sais, et parfois, pour elle, dont nous raffolions, nous faisions, sans le moindre scrupule, des dégâts dans la termitière, œuvre architecturale, la termitière, d'une perfection à impressionner même, disait mon père, Dieu le Créateur, nous cassions, en partie, la termitière, affrontions alors les soldats à la tête rouge et aux puissantes mandibules, mais que pouvaient-ils, les termites, contre nous, et nous la délogions de son château, cette énorme et blanche reine qui, dans le feu, se tortillait, dont, dans le feu, la masse diminuait, qui, la reine, succulence, dans notre bouche, mâchée, n'était plus grand-chose, mais le goût...

De quoi est-elle le symbole, la reine, gavée, enflure au milieu de corps si petits, tous à son service ? Elle assure la continuité de la colonie, nous le savions, et nous savions aussi que sa mort, quand nous la délogions de la termitière, ne signait pas la fin de la colonie, car, aussitôt après, une reine secondaire prenait sa place, et, au bout de quelques jours, la termitière entièrement reconstruite, elle, la princesse, gavée, s'enflait, elle aussi, nouvelle mère, jolie princesse devenue une monstruosité gélatineuse, reine pleine de graisse et d'eau, qui pourrait, elle aussi, comme sa mère avant elle, mériter l'honneur de notre palais, au prix du saccage de son château, termitière, au système de ventilation d'une rare ingéniosité.

*

Elles sont nombreuses, plusieurs milliers, elles ont quitté leur demeure et s'en vont en quête d'une nouvelle, elles transportent vers l'incertain horizon tout ce qu'elles ont de plus précieux, leurs réserves de nourriture, mais surtout leurs œufs, car, et dans leur cerveau, ce rêve formait un point lumineux, elles voudraient, ailleurs, recréer la même dynastie. Et je n'ai aucun doute sur le fait que ces fourmis, des milliers, qui s'en allaient vers un nouvel horizon savaient que nombre d'entre elles ne survivraient pas à la migration, que des prédateurs arracheraient une partie de leurs œufs, que la mort exigerait d'elles une lourde dîme en vies (larve de fourmilion, toi qui, dans le sable, creuses un piège sous la forme d'un entonnoir, avec tes puissantes mandibules, toi qui, larve, ne ressembles nullement à l'insecte que tu seras, cet insecte que l'on confond parfois avec la libellule, toi, larve de fourmilion, de nombre de ces fourmis qui s'en vont vers un nouvel horizon tu feras ton repas), elles savaient, les fourmis, qu'ailleurs elles devraient, avant que l'aube nouvelle ne pointe, pleurer leurs morts, celles d'entre elles restées en chemin, dans le mystère de la vie, mais, et elles le savaient aussi, la race ne s'éteindrait pas, le cycle continuerait, elles seraient là, les petites fourmis, unies pour attraper et transporter des proies beaucoup plus grosses qu'elles, elles seraient là, toujours là, et connaîtraient d'autres exils, car, dans leur mémoire, il y avait, inscrit en langue des fourmis, un message que je ne saurais traduire ni en ma langue maternelle, le tem, ni en ma langue acquise, le français, mais que je serais tenté de ramener à un seul mot : chemin.

En effet, c'est de cela qu'il s'agit, le chemin. L'existence comme un chemin. Et tous ces êtres sur le chemin, tous ces êtres de toutes les espèces, tous ces êtres grégaires ou solitaires sur le chemin, tous sans exception le savent, c'est inscrit en eux, dans leurs gènes, tous savent que ce ne sont pas eux qui prennent le chemin mais le chemin qui les appelle, un appel impérieux.

*

J'ai vu s'en aller cette famille, cette colonie, elle a traversé le chemin et s'est dirigée vers la rivière. D'où venait-elle ? Où allait-elle ? Quel rêve poursuivait-elle ? Quel danger fuyait-elle ? C'était, je le répète, une colonie de plusieurs milliers de fourmis noires. Je l'ai vue s'en aller, en une file qui semblait interminable, une colonie qui, sur son parcours, n'épargnait pas les insectes qui avaient eu le malheur de se trouver à sa portée. Mais, alors qu'elle était partie depuis longtemps, je vis une fourmi, sans doute appartenant à cette famille, une retardataire, transportant juste un œuf, un œuf plus gros qu'elle. Au moment où elle devait traverser le chemin qu'avait traversé quelques instants plus tôt la colonie dont elle était un membre, elle s'arrêta, soudain perturbée par quelque chose, peut-être par une odeur, la mienne, par exemple, qui s'était immiscée dans les repères chimiques auxquels elle devait sa survie, pensai-je. Elle commença à tourner en rond, cela dura environ une minute, mais, curieusement, elle reprit le trajet en sens inverse, comme pour retourner d'où elle venait, là où attendait toujours le danger qui avait chassé toute la colonie. Je regardai cette fourmi isolée désormais de sa famille, privée de la sécurité que lui garantissait le groupe, elle se retrouvait maintenant individu, avec un œuf tenu solidement dans ses mandibules.

« Fondera-t-elle, avec son œuf, à partir de ce seul œuf, une nouvelle dynastie ? »

J'étais en train de me poser des questions sur son avenir quand, surgi de nulle part, un margouillat sans doute attiré moins par la fourmi elle-même que par son œuf blanc, plus gros et plus visible qu'elle, la goba, avec son œuf donc, puis, s'apercevant de ma présence, se sauva, lui, pour échapper à la mort, que je n'avais pourtant aucune intention de lui donner. Toutes les fourmis, quelle que soit leur taille, quelle que soit leur couleur, quel que soit le pays où je les vois, me rappellent encore cette fourmi dont la fin banale s'est inscrite en moi en une sorte de repère de ma mémoire, et avec le temps qui passe la petite fourmi, parfois, prend la taille de mes hallucinations d'écrivain.

*

Le moineau a dit : « Le rat s'est moqué de la fourmi qui le menaçait avec ses mandibules. Au lieu de se sauver, il est resté près de la fourmi pour se moquer encore plus d'elle. Le rat a oublié que la fourmi appartient à une armée de plusieurs milliers de guerrières impitoyables. Donc, au menu des fourmis, aujourd'hui, un rat qui n'a pas retenu l'une des leçons les plus précieuses de la vie : ne prenons aucune menace à la légère. D'où qu'elle vienne, elle pourrait être un danger pour notre vie. »

*

« Au cheval qui voulait tuer d'un coup de sabot un bélier, et se moquait de sa taille, moi moineau j'ai dit : "Attention, cheval ! Un éléphant arrive derrière toi." À l'éléphant qui s'est mis à rire du cheval fuyant la menace qu'il représentait pour lui, j'ai dit : "Attention, éléphant ! Une montagne est en train de se déplacer vers toi." À la montagne, j'ai dit : "Ô jolie montagne, dérisoire détail du Mystère !" Puis, je me suis envolé avec une envie d'insectes. »

*

Le moineau a dit : « Roi, à ta fesse nue, la piqûre de la fourmi est un simple rappel : la douleur que tu y ressens, pas grand-chose en vérité, te ramène à ta vérité d'humain. Roi, tu as écrasé, d'un doigt rageur, la fourmi qui a osé s'en prendre à ta fesse nue. Ainsi as-tu détruit un être complexe qui est arrivé à ce qu'il est devenu aujourd'hui après plus de temps que tu ne pourras jamais passer sur ton trône, toi un simple passager. La fourmi, ne l'oublie pas, est une part de la beauté du monde. Ton doigt a blessé la beauté du monde, mais on ne peut te le reprocher, tu as tué pour l'honneur de ta fesse nue, futur bon morceau pour les asticots. »

*

Les poissons chantent-ils ? Si oui, seuls le fleuve, la rivière, la mare, le lac, l'océan, la mer, l'étang, le ruisseau... pourraient nous dire s'il s'agit de chansons tristes ou gaies.

Le moineau a dit : « Peut-être chantent-ils leur amour, leurs blessures, leur mort. Si les poissons chantent, leurs chants sont forcément aussi tristes et aussi beaux que leur destin de vivants. »

*

Un petit poisson, avant d'aller dans la marmite sur le feu, a dit, en chanson : « Femme, demain dès l'aube, je deviendrai déjection pour le bonheur de la terre où tu te soulageras. » La femme lui répond : « Je ne sais pas pêcher. L'homme qui t'a ramené de la rivière ne me pardonnerait pas de te laisser la vie sauve. Mais je vais affronter sa colère pour t'offrir ma jarre où tu seras libre. Me chanteras-tu une chanson pour mériter de vivre dans ma jarre ? » Le poisson lui répond : « Je préfère la mort à la prison d'une jarre. Je mourrai et serai libre dans ton sang, dans la terre et dans l'eau. — Poisson, dit la femme, je te pleurerai. — Pleure-moi, femme, mais mange-moi. Adieu, femme. »
La femme écaille le poisson, l'éviscère et le prépare. Au moment de le manger, elle voit un œil vitreux, l'œil du poisson mort. Elle est triste. Une voix : « La mort nourrit la vie, la vie nourrit la mort. Ainsi en sera-t-il toujours sur la terre. Femme, mange-moi et va dormir. »

*

À une antilope blessée, une fourmi dit : « Les chiens arrivent et tu boites, ma sœur antilope. Les chiens arrivent, avec leurs propriétaires armés de bâtons, de machettes, de fusils, et tu boites. Tu ne peux leur échapper si tu ne comptes que sur tes pattes, toi qui en as une de cassée et boites. Donc, fais-toi petite pour venir te cacher dans mon trou.» L'antilope lui répond : «Fourmi, ma sœur, hélas, je n'ai pas le pouvoir de me métamorphoser en fourmi. Peut-être parviendrai-je à prendre la forme d'une belle femme. Ainsi, les chiens, près de moi, se coucheraient, et les hommes, sur moi, poseraient la main. Je deviendrais l'épouse de leur chef.» La fourmi lui dit : «Voici le temps qui s'en va, celui que tu aurais pu utiliser pour te transformer en fourmi. Il passe, ce temps, et les chiens arrivent, en aboyant.» L'antilope lui dit : «C'est en vérité la mort qui arrive, ma sœur fourmi, et où que je me cache, quelque autre forme que je puisse prendre, je ne saurai tromper la mort, car la mort a son œil partout à la fois.» La fourmi dit : «Je ne vais pas rester là à te regarder mourir. Je dois donc affronter les chiens. — Toi, hein, fourmi ? — Oui, moi, pour te sauver.»

Alors, des arbres et de la terre, apparurent des fourmis, des milliers d'entre elles, ailées, et les fourmis ailées s'envolèrent vers les chiens dont elles se mirent à piquer les oreilles, le nez, le museau, même les yeux. Les chiens, rendus fous par cette attaque, rebroussèrent chemin, et les hommes, intrigués par la fuite des chiens, se sauvèrent eux aussi. Les fourmis, après avoir sauvé l'antilope, disparurent.

«Antilope, ma sœur, je t'ai sauvée de la mort. — Merci, ma sœur fourmi, tu m'as sauvée, oui, tu m'as sauvée aujourd'hui, et je dois donc continuer de vivre avec ma patte cassée et ma douleur, jusqu'à la prochaine attaque des chiens. — Chaque jour est une victoire, ma sœur antilope, donc, aujourd'hui est ta victoire. Quant à demain, demain... — Le jour n'est pas encore fini, ma sœur fourmi, je ne suis donc pas sûre de traverser aujourd'hui pour entrer vivante dans demain. — Ma sœur antilope, va, broute, et salue l'instant que tu habites encore. — Ma sœur fourmi, merci. »

Et l'antilope qui boite se met à brouter, en agitant sa queue. La vie continuait dans l'herbe fraîche, la mort se cachait dans l'herbe fraîche.

*

Ce jour-là, je m'étais soulagé sous un arbre. Au moment où j'allais retourner à la forge de mon père, une odeur m'alerta, et je sus que, pas loin de moi, se trouvait un petit mammifère qui ne pouvait passer inaperçu, dont nous ne consommions pas la chair dans notre village, mais que nous tuions de façon systématique surtout à cause de son odeur, de sa forte odeur, cette odeur qui faisait corps avec sa nature, dont il avait besoin pour sa survie. L'herbe bougea près de moi et je localisai la musaraigne. Alors, avec une pierre, je réussis à mettre fin à son existence, avant de découvrir, non loin de là, un nid où ses petits, si petits, sans poils et aveugles, s'agitaient comme des chenilles. Je compris seulement à ce moment-là que je venais de les rendre orphelins, qu'ils n'avaient aucune chance de survivre sans cette mère que j'avais tuée. Ce ne fut cependant pas par compassion, mais plutôt pour contribuer à mon niveau à réduire le nombre des musaraignes sur la terre, que je les avais écrasés, ces petits êtres fragiles, avec un énorme caillou. (Deux jours plus tôt, avec mon pied, j'avais écrasé un énorme mille-pattes qui ressemblait à un serpent.) Fier de moi, je m'en allai. Ce jour-là, quelques heures plus tard, je fus dardé par un scorpion. Quelle douleur ! Mais quelle douleur !

*

Sur le dos d'un buffle, un petit oiseau. Hissé sur le dos du buffle, le petit oiseau est visible. Mais, buffle, même sans ton dos, le petit oiseau était déjà visible, par exemple quand il battait des ailes, quand il chantait, quand il sortait de son nid, quand il se posait sur le sol ou sur une branche. Ce n'est donc pas pour se rendre plus visible qu'il s'est posé sur toi. Buffle, ce qui l'attire, ce sont tes parasites qui, eux, de ton sang, se nourrissent. Le buffle dit : « Je le sais et je remercie l'oiseau du soin qu'il prend de ma santé en réduisant, par son bec, pour ses propres besoins, le nombre de mes parasites. Petit oiseau, même sur mes sabots, tu pourrais te poser, je ne t'écraserais pas, tu es mon ami. »
Une balle atteint le buffle à la tête, l'oiseau s'envole, le buffle s'effondre, et le chasseur, fier de lui, lève le canon de son fusil vers le ciel. Le ciel, tout chargé de nuages, pousse un hurlement. Le ciel est blessé dans sa grandeur. Le chasseur n'écoute pas la colère du ciel. Il a triomphé en plein jour du buffle et attend, heureux, les belles étoiles de la nuit.
Ainsi va la vie.

*

Je me souviens du cheval blanc, l'unique du village, le cheval du chef du village Wouro Gnawou Aliassim, homme d'une grande prestance. Il avait pour son cheval un respect presque divin, si bien que jamais il ne l'enfourchait. Il marchait, lui l'homme, vêtu d'un grand boubou en cotonnade, tenant sa canne ornée d'une tête de serpent, il marchait, et le cheval blanc, élégamment harnaché, le suivait. Jamais il n'était monté sur ce cheval, un étalon dont les hennissements amusaient les enfants, cet étalon qui, dans le sable, parfois, se roulait. Il se disait qu'en vérité le chef Wouro Gnawou avait son âme dans le corps du cheval, que cet étalon blanc était son double, qu'il accueillait toutes les maladies dont aurait dû souffrir son propriétaire et mourrait un jour à sa place. Le cheval, cet étalon qui n'eut jamais à porter un humain sur son dos, en effet mourut très vieux et le chef, son propriétaire, lui organisa des funérailles grandioses. Lui-même vécut encore plus vieux au point d'avoir eu le malheur d'enterrer sept de ses enfants et quatre de ses petits-enfants, tous déjà mariés.

Quand vint le jour de son grand départ, il demanda à son fils aîné, à qui il confia ses dernières volontés, de faire venir son cheval blanc. Le fils lui dit : «Père, il t'a devancé il y a quelques années.» Le père soupira. «Appelle-le et il reviendra.» Le fils dit : «Déré, viens!» Et, miracle, l'étalon blanc apparut. Le chef se releva, leste, de son agonie et, pour la première fois, enfourcha son étalon blanc revenu de l'au-delà. Et les villageois les regardèrent s'en aller, le cheval au galop, le chef, élégamment vêtu de son boubou en cotonnade, heureux !

La légende dit qu'à l'horizon le cheval et son propriétaire s'étaient envolés et avaient disparu dans les nuages. Moi, petit moineau, je ne dirai pas ce que je sais, car les vérités que sèment les humains n'appartiennent qu'aux humains.

*

Battant des ailes, toi, oiseau, tisserin prélevant sur un épi de maïs, dans un champ, des grains pour ta subsistance, aussi pour tes oisillons. Tu ne pouvais deviner qu'il te guettait, le petit garçon, ni qu'il ne ratait jamais sa cible avec sa fronde. Il arma sa fronde et lâcha le petit caillou qui ne te toucha pas à la tête mais à l'aile droite. De l'épi du maïs, tu te décrochas et tombas dans l'herbe où il te ramassa, fier de sa victoire sur toi, mais surtout décidé à te faire payer pour tous les crimes commis par des centaines d'oiseaux de ta race – vous prélevez beaucoup de grains sur les épis de maïs dans les champs, vous déshabillez les cocotiers pour la construction ingénieuse de vos nids, par vos interminables piaillements dans le ficus de la place du village vous êtes source d'une permanente nuisance sonore. Voilà les crimes qu'il te reprochait. Ainsi, tint-il à te faire souffrir avant la mort.

Alors, il te pluma vivant et te relâcha. Nu, une aile

blessée ! La chute de l'un des plus beaux oiseaux du village. Oui, tu n'es plus que ça, un oiseau à l'aile blessée et sans plumes. Le petit garçon aurait pu se contenter de cette humiliation, t'abandonner à ton destin, proie facile pour tant de prédateurs, mais il fit un petit feu, t'attrapa ensuite (plumé, avec une aile cassée, tu ne pouvais plus lui échapper) pour t'y jeter vivant. Dans le feu, tu te débattis en vain, et il riait, en même temps que, du nez, il jouissait de ton odeur. Il finit par te manger, quel goût !

Oui, succulente chair.

Voudrais-tu, oiseau, que je te dise ce que tu as laissé en lui comme leçon ? Je peux t'en parler, car le petit garçon qui s'était montré aussi cruel avec toi, c'était moi, à cet âge où, parfois seul, souvent avec mes petits camarades, j'exerçais ma cruauté sur des petits animaux, sur des lézards et sur des insectes, les libellules par exemple. La leçon que tu m'as laissée, c'est le devoir de méfiance envers moi-même, moi comme temple de démons qu'un contexte propice pourrait libérer de cette poche intime où ils feignent de dormir. Il n'y a, depuis quelques années, aucune scène de sadisme contre des humains ou contre des animaux qui ne ravive mon souvenir de ce jour où, après t'avoir plumé, je t'ai jeté vivant dans le feu, et, parfois, dans mes rêves, tu pousses des hurlements humains en sautillant pour tenter d'échapper aux flammes. Je n'en tire plus une jouissance, mais c'est parce que j'ai une idée de la jouissance que produit un acte sadique que je me méfie de moi-même. Et cette méfiance, je te la dois, toi que je vois dans tous les oiseaux du monde, toi qui me reviens à la mémoire chaque fois que, lisant un livre, je tombe sur le mot oiseau. Je te porte en moi comme un avertissement.

Hélas, il s'agit d'un avertissement à l'aile blessée et sans plumes, un avertissement qui, donc, pourrait, si mes démons se réveillaient soudainement, céder tel un vieux barrage devant les eaux enragées. Je ne suis pas guéri de moi-même, je ne suis pas guéri de ma trouble part d'humanité.

*

Dans une cage accrochée au mur, au fronton de la maison de mon père, tu vivais. Des grains, nous t'en donnions régulièrement. Et toi, à intervalles tout aussi réguliers, tu roucoulais, au point de devenir une horloge infaillible, car, par toi, grâce à toi, nous avions de solides repères au cœur du temps. Même pour la prière de l'aube, tu étais plus fiable que les coqs. Heureuse, toi qui, dans une cage accrochée au mur, avais tout. J'ai oublié combien d'années tu as partagées avec nous, mais, âgée, tu t'en allas, morte, un beau matin.

Du temps s'est écoulé avant que, repensant à toi, je me sois demandé ce qu'une tourterelle pouvait bien ressentir à l'intérieur d'une cage toute sa vie. Tu tournais en rond dans ta cage, un espace réduit. Tu battais des ailes pour exprimer ton désir d'espace, mais la cage était le seul auquel tu avais droit. Je me demande toujours ce que signifie la vie d'une tourterelle en cage, je me le demande toujours, même si, peut-être seras-tu d'accord avec moi, le monde est une cage, le corps une cage, seuls nos rêves constituent l'espace de notre liberté. Je déduis que tu avais tes rêves qui, donc, débordaient le réduit où tu avais été condamnée à passer ta vie, des rêves d'arbres, des rêves de ciel, des rêves d'étoiles, des rêves de rivières, des rêves d'amour (tu aurais formé un couple pour la vie avec une femelle – c'était une tourterelle mâle – et vous auriez engendré, transmis vos gènes, mais tu avais vécu solitaire dans une cage, enfin, tes propres rêves qui t'éloignaient de nous au moment où nous te croyions là, dans ta cage, roucoulant à intervalles réguliers comme fidèlement à notre service.

Peut-être, qui sait, par cette vie en cage, tes rêves avaient-ils été protégés, préservés, en sécurité, ils avaient échappé aux griffes d'un chat, par exemple, au venin d'un serpent, à la fronde d'un petit garçon, aux serres d'un rapace... Enfin, il ne m'arrive plus de voir une tourterelle, où que je séjourne dans le monde, sans qu'en moi elle ne te ressuscitât, toi, non dans ta cage, mais explorant l'espace. Tu as, dans ma mémoire, échappé à la fois à la cage et à la mort pour renaître au cœur des rêves que je te prête, donc au cœur de mes propres rêves.

*

Je me souviens de mon bonheur quand je trouvais, pris aux pièges à mâchoires que je leur avais tendus, enfouis sous la terre, pièges forgés par mon père, je me souviens de mon bonheur quand je trouvais, pris à mes pièges aux puissantes mâchoires, des perdrix, des lièvres, des rats géants, des agoutis, des antilopes... Je me souviens de l'instant où, s'il était d'un certain gabarit et avait surtout la force de se défendre encore, j'assommais l'animal de plusieurs coups de bâton ou du plat de la machette sur la tête, avant de l'égorger. Je me souviens surtout du regard de l'animal en ce moment précis où je m'apprêtais à lui faire une blessure fatale dans le cou avec un couteau aiguisé. Mon bonheur quand je repartais avec l'animal. Mais, si l'animal pris au piège avait réussi à s'échapper en perdant un bout de patte, alors, notre chien le suivait à la trace, le traquait sur ce chemin d'odeur, le débusquait enfin. L'animal débusqué par notre chien, instinct de survie toujours en éveil, tentait de courir, mais il était, l'animal blessé, rattrapé par notre chien dont les canines s'enfonçaient dans sa chair, en général au niveau du cou. Je me souviens de l'odeur des poils brûlés de l'antilope ou de l'agouti, je me souviens du goût de leur chair, je me souviens...

Aujourd'hui, je me rends compte qu'alors, en vérité, je ne faisais pas que tuer, j'écrivais aussi en moi, par le sang de ces animaux, par leur souffrance, par ce que je lisais dans leurs yeux au moment où je m'apprêtais à les égorger, les initiales de ma propre vie, celles qui, partout où je me retrouve, éclosent en moi comme des fleurs de nostalgie (dans ma mémoire, des fleurs de flamboyant). Grand errant à domicile fixe, moi, maintenant, loin de ma terre, moi, chaque fois que je vois courir dans la nature un animal sauvage, je me sens lié à lui par ceux dont je porte dans le cœur le dernier regard, ces animaux que j'avais joui de mettre à mort après les souffrances qu'ils avaient affrontées dans leurs vaines tentatives de se libérer des dents de mes pièges. Et je me rends compte que ces animaux, en moi, vivent toujours, que, grâce à moi, ils ont échappé à l'oubli, ils habitent une mémoire humaine, la mienne, et parcourent le monde, et partout, par une association d'idées et d'images, je les vois, je lis dans leur regard la beauté terrible de ma condition.

Je suis réveillé parfois à la suite d'un rêve où ils m'exhibent leur blessure au cou, d'où s'écoule du sang, leur sang, et je vois mes mains rouges de leur sang, et, mieux, je comprends qu'eux et moi sommes à jamais liés par le beau poème, l'universel poème, que constitue la mort.

*

Un nuage d'abeilles est passé au-dessus du village, nous avions perçu les bourdonnements des abeilles passées au-dessus du village, au-dessus de nos têtes, et nous avions, dans notre village, nous habitués à voir des abeilles s'en aller ainsi, certaines choisissant même parfois de faire escale à l'intérieur de nos maisons, nous avions, disais-je, pensé à leur miel et nous nous étions demandé si elles le transportaient, ce qu'elles faisaient de leurs larves quand elles s'en allaient ainsi, que devenait alors leur reine, et nous avions pensé à leur dard, aïe, et nous avions prié pour elles. « Que vos ancêtres, avait dit mon père en levant le regard vers les abeilles, vous protègent jusqu'à l'endroit où vous déciderez de refaire ruche, là où, sans doute, un jour, l'un d'entre nous ira avec du feu vous faire partir encore pour récolter du miel, votre miel. Bien que pour en récolter nous usions du feu, jamais notre intention n'a été et ne sera d'éteindre votre race, le feu, vous le savez, et les herbes le savent mieux que nous tous, régénère plus souvent qu'il ne dévore, plus souvent qu'il ne détruit. Entre ciel et terre, vous qui bourdonnez au-dessus de nos têtes, allez, que le chemin aérien vous soit favorable, vous qui savez, comme les papillons, comme certains oiseaux, parler aux fleurs, faire l'amour avec les fleurs, vous, abeilles, qui savez, mieux que nous, ce que signifie l'union, l'entraide, l'ordre, la hiérarchie. »

*

De sa puanteur, nos parents nous parlent encore : la hyène. De sa puissance, nos parents nous parlent toujours : le lion. De sa force brute, nos parents nous parlent parfois : le buffle. De sa majesté, quand elle chassait ou emportait ses proies dans les arbres, nos parents nous parlent de temps en temps : la panthère. De son impressionnante masse (« énorme comme une montagne », disaient-ils), nos parents nous parlent souvent : l'éléphant. De sa taille, de son long cou et de son élégance, nos parents nous parlent parfois : la girafe. Son œuf à la pointe d'un toit conique d'une grande case ronde est un insigne de la royauté tem : l'autruche. Sur la puissance de ses mâchoires et de sa queue, sur sa férocité, j'ai entendu des histoires : le crocodile. De ces animaux, certains chasseurs avaient conservé des traces : des plumes, des défenses, une peau, des os, des dents, une tête...

Mais, combien étaient-ils, ceux de nos parents, à les avoir réellement vus, connus chez nous, pas ailleurs, chez nous, ces animaux qui avaient disparu de notre espace, de nos terres, avant ma naissance ou avant que je n'eusse eu conscience de mon environnement? Qu'est-ce qui explique leur disparition de ces zones peu exploitées par les humains, où la chasse n'est pas extensive, ces zones si vastes? Pourquoi avaient-ils déserté cette région, la nôtre, tous ces animaux dont je connus certains, plus tard, dans d'autres régions du Togo ou dans des zoos en France, mais surtout à la télé? Y a-t-il encore des tortues chez nous? (Mon père en avait possédé, des tortues terrestres, que nous élevions pour leur chair.) Y a-t-il encore des porcs-épics chez nous? (Moi-même j'en avais pris au piège quand j'étais un petit garçon). Y a-t-il encore des pangolins chez nous, cet animal qui, avec sa langue, sa longue langue, attrape des termites et des fourmis, qu'il emprisonne aussi sous ses écailles, cet animal que des chasseurs, naguère encore, offraient à mon père? Peut-on voir encore des phacochères pas loin du village? (J'en avais connu, ils faisaient des ravages dans nos champs de manioc.) Y a-t-il encore, pas loin du village, des familles de toutes les espèces de singes que j'avais connus, moi, les singes rouges, les babouins, les sortes de capucins noirs à face blanche..., qui se nourrissaient des tubercules d'igname et de manioc, du maïs, des haricots et des arachides dans nos champs, dont nous prenions certains au piège ou que nous tuions avec des fusils (nous ne consommons pas la chair des singes)?

Enfin, tous ces animaux avaient appartenu à notre monde puis l'avaient déserté, sans que je sache pourquoi. Je les associe à une époque révolue, les éléphants, les hyènes, les panthères, les girafes, les lions, les autruches, les buffles,

les crocodiles et tant d'autres animaux grands et petits, qui ont nourri nos légendes, dont certains constituaient, constituent toujours, nos totems ou des attributs de la royauté (le lion, surtout), ils ont appartenu à un monde qui s'est ensuite évanoui. En repensant à eux, je sais avec certitude que tout monde est provisoire, que moi aussi j'ai connu des mondes qui aujourd'hui ne sont plus, que mon monde actuel mourra demain, mais, par-delà ces morts partielles des mondes successifs ou imbriqués, l'essentiel est immuable dans les tempêtes des théâtralités, au cœur de la condition de tous les vivants.

*

Le moineau a dit : « Trop sûr de sa victoire, se fiant sans doute aussi à ses protections occultes et à la légende de son fusil, le chasseur, qui, en général, riait même de la fureur des lions, avait logiquement, ce jour-là, oublié les cornes du buffle blessé dont la mise à mort lui paraissait un simple divertissement, jusqu'à ce que la terre reçoive son sang et le contenu à la forte odeur de ses viscères, avant que (la vie ne l'avait pas encore entièrement quitté) les hyènes, grandes chasseresses (et grands charognards), n'arrivent pour ne rien laisser de lui, pas même les os, et se sauvent, repues, en emplissant la savane de leurs ricanements. Le buffle blessé, victorieux, s'en alla, quant à lui, comme obéissant à l'ordre de la mort, tomber dans le piège des lionnes dont les petits, ainsi, apprirent ce jour-là une nouvelle leçon de chasse contre une proie qui eût pu, si elle n'avait été déjà blessée, les rappeler à un peu de modestie et surtout de prudence. » Le moineau a précisé : « Aboubakar, toi tu n'étais pas encore né, non, tu n'étais pas encore né. Moi non plus, je n'étais pas encore né. »

*

Le moineau a dit : « Le lion se nourrit des antilopes, mais le monde rêvé du lion, c'est une plaine où il y aurait de plus en plus d'antilopes. Il tue des antilopes et rêve d'une plaine constamment peuplée d'antilopes. Le lion n'est pas un destructeur. Mais toi, toi, oui toi, quand tu désires, tu détruis, partout où tu passes, le monde se rétrécit, il se rétrécit tellement qu'il ne lui reste même plus suffisamment de place pour héberger ton propre rêve. Même le feu, quand il dévore, favorise le reverdissement de la prairie, même le feu consume tout en conservant au chaud son rêve de verdure. Mais toi, là tu passes, tu sèmes l'Absence. Toi si haut placé, regarde les cornes dressées vers toi, qui écrivent déjà la légende de ton empalement. »

*

Cette fable (c'est un conte), je la tiens de mon père. Mon père, Salifou Métchéri Tcha-Koura, le boiteux du village, la racontait à l'intérieur de la forge. Pas de conte en plein jour, mais, c'était en plein jour, dans la forge, qu'il disait cette fable. Le soleil écoutait ce qui aurait dû, de la bouche des humains, n'être entendu que par les étoiles et la lune, ou les lourds nuages qui habillent la nuit avant les grondements du tonnerre et la pluie. Cette fable, celle que mon père racontait en plein jour dans sa forge, la voici, mais elle passe par ma voix, par mes mots, elle devient donc ma fable. Une antilope triste, racontait mon père, trouve cependant suffisamment de cœur pour demander à une lionne triste elle aussi : « Lionne, je commets, en m'arrêtant devant toi, une imprudence qui pourrait me coûter la vie, car je fais partie de tes proies de prédilection. Cependant, moi si triste, je suis touchée par ta tristesse qui semble encore plus grande. Mais, dis-moi, ma sœur lionne, que t'est-il arrivé, pour que tu aies une telle mine ? » La lionne regarde l'antilope, surprise par son empathie. « Sœur antilope, je suis étonnée que ce soit toi qui te soucies de mes malheurs. Pourtant, et tu viens de me le rappeler, tu n'as pas oublié qui je suis. Je m'incline donc devant ton grand cœur, sœur antilope, et vais te raconter mon malheur : je suis triste parce que, comme mère, j'ai subi la pire des pertes, car, un lion, arrivé ici en vainqueur du géniteur de mes deux petits, a tué ceux-ci pour me rendre disponible à la réception de ses gènes à lui. Je suis une mère malheureuse. » L'antilope écarquille les yeux et lui répond : « Mère malheureuse, ma sœur lionne, je ne t'apprends rien en te disant que moi aussi j'ai subi aujourd'hui une perte de la même nature : je n'avais qu'un petit, mon fils, celui qu'une lionne a tué pour nourrir ses petits, avant que son nouveau maître ne les tue. » La lionne dit : « Sœur antilope, mère dont j'ai tué le petit, permets-moi de t'informer que mon nouveau maître, qui est couché sous un arbre si près d'ici, attend que je lui prouve que je suis une mère capable de tenir un territoire, de nourrir nos futurs petits et lui leur géniteur, qui, mon roi lion, et c'est indispensable, doit économiser ses forces pour des situations où elles seraient précieuses, voire déterminantes – notre survie dépendrait aussi de ses interventions dans des situations où sa force et son poids décideraient de la victoire ou de la défaite. Je te remercie donc d'être venue à moi, mère antilope, ma sœur aux si belles cornes, à la si jolie robe, je te remercie pour ton grand cœur. Mais ce n'était pas nécessaire que tu viennes à moi, car j'aurais su aller te chercher comme j'étais allée chercher ton petit. » Après ces mots, la lionne bondit sur l'antilope qu'elle saisit à la gorge. La mort arrive rapidement. « Mon beau lion, dit la lionne au mâle qui avait tué ses petits, alors couché, paisible, sous un arbre, mon beau lion, tu peux venir manger, le repas s'est servi de lui-même. »

Le moineau a dit : « Votre cœur vous perdra, vous qui vous complaisez dans votre situation de proie, au lieu de développer des ruses de prédateur. Le monde ne sera jamais un jardin de fraternité tranquille mais un champ de bataille dont l'harmonie vient aussi des cruautés indispensables. À un lionceau, on n'apprend pas à pleurnicher mais à tuer. À un faon, sa mère oublie de rappeler qu'il pourrait, plus tard, tuer avec ses cornes et ses sabots. L'herbe ne lui oppose aucune résistance, si elle n'a de poison qui pourrait lui être fatal, mais, contre ses prédateurs, courir ne lui suffirait pas toujours. »

Paix à l'âme de la mère antilope, tuée par la lionne qui

avait déjà tué son petit, la lionne dont la tristesse avait touché son cœur !

*

Le moineau a dit : « La génisse, sur le chemin qui la mène vers le boucher, s'est arrêtée pour jouir de la tendre herbe. Elle a conscience de son bonheur de l'instant et ignore tout de sa mort prochaine dont la corde à son cou est déjà un signe. Ne ris pourtant pas de la génisse, car l'instant habité par l'herbe verte, la dernière herbe de sa vie, est un fragment de notre commune illusion d'éternité. »

*

Le moineau a dit : « Le boiteux ne défie pas le lièvre en course, le goitreux ne mise pas sur l'élégance de son cou. Le boiteux peut, cependant, attendre le lièvre au bout de sa course et le goitreux trouver dans la laideur de son cou une beauté qui n'appartiendrait qu'à lui. Et moi, moineau, je trouve que le vaste monde est juste à ma petite taille. Je ne me fais donc aucun complexe lorsque je vois l'aigle ou le faucon. »

*

Le coq qui régnait sur la basse-cour était mort, mordu par une vipère, il était mort dans la brousse. L'on avait remarqué rapidement sa disparition, c'était facile de remarquer qu'il avait disparu car c'était le plus gros du village, le plus gros, le plus fort, un coq qui semait chaque jour, dans le cloaque de plusieurs poules, ses gènes, d'où, au village, au sein de toutes les familles, tant de poussins blancs. Donc, ce jour-là, quand, durant une heure, une seule heure, on ne l'entendit pas chanter ni ne le vit poursuivre une poule, on s'était demandé où il pouvait bien se trouver. On le chercha alors dans et derrière toutes les concessions. On ne l'y trouva pas. C'est à ce moment qu'un coquelet, puis deux, puis trois, qui n'avaient pas encore chanté, se permirent de le faire. L'on comprit que l'heure de la succession avait sonné, que le roi ne reviendrait pas. On ne tarda pas à découvrir le corps du roi. Il avait succombé dans la brousse à la morsure d'une vipère, je vous l'ai déjà dit. On le laissa aux chiens.

L'histoire du gros coq blanc tué par un serpent nous attrista, mais, sans doute, les coquelets, qui, devant le trône vaquant, avaient commencé à chanter, avaient vu leurs ergots et leur crête augmenter soudainement de taille, avaient cru qu'ils en avaient fini avec le règne de leur père autoritaire. Mais la plus âgée des poules ne l'entendit pas de cette oreille. Elle avait dû trouver les héritiers, ses propres fils, un peu trop jeunes, un peu trop malingres pour qu'elle se soumît à leurs désirs, eux qui, « Regardez-moi ces gringalets, mais mangez encore pour grandir un peu plus », se battaient déjà, multipliant chants et gestes de séduction, pour la monter, elle leur mère. Elle n'avait rien contre ces amours incestueuses inscrites dans la vérité des oiseaux de leur espèce, mais, quand même, ils étaient encore trop jeunes ! La reine, chose rare mais pas inédite, poussa un cocorico, oui, elle avait chanté, la poule avait chanté, comme certains coqs, vieux, pondaient un œuf, l'unique œuf de leur vie, tout petit œuf où il n'y avait nul projet de vie, œuf recherché pour des pratiques occultes. La poule avait chanté pour s'emparer du trône sous le nez des princes, ses fils, qu'elle n'estimait pas encore dignes de ses charmes.

« Elle a chanté, oui, elle a chanté. »

Et parce qu'elle s'était prise pour un coq et avait chanté, parce que ainsi elle avait transgressé un ordre établi, comme le faisaient les coqs qui pondaient un œuf, elle fut destinée à un sacrifice immédiat. On l'égorgea. Relâchée ensuite, le sang giclant de la blessure profonde qui lui était faite au cou, elle se remit sur ses pattes en battant des ailes et commença à courir. Oui, elle était égorgée mais courait encore. Logiquement, elle n'alla pas loin. Au bout de quelques secondes, où elle avait donné l'illusion d'échapper miraculeusement à la mort, elle tomba sur le dos, les pattes levées vers le ciel. Cependant, cette poule a enrichi l'histoire du village grâce à ces quelques secondes durant lesquelles elle avait défié la mort. Elle a inspiré beaucoup de légendes.

« La poule qui chantait et qui, même égorgée, courait encore, habitée par des pouvoirs surnaturels. »

*

Le moineau a dit : « Regardez toute cette charge, tout ce fardeau, sur son dos, regardez tout ce poids sur son dos. Et parce qu'il s'est arrêté pour brouter un tout petit peu, il a reçu plusieurs coups de bâton, de très violents coups. Regardez toute cette charge, et il a été puni pour s'être offert un petit moment pour lui. Une ruade, le fardeau est tombé, il a pris la fuite, mais, regardez-le, il fuit, où va-t-il, je ne le sais, je peux le suivre en volant au-dessus de lui, pour vous dire où il va. Mais, moi moineau, je le sais, je sais que l'âne qui rechigne à la tâche est un âne conscient de sa condition, vous, vous le dites têtu, paresseux, parce que vous oubliez qu'il ne travaille pas pour lui-même, que vous exigez beaucoup de lui, à coups de bâton, de fouet, pas pour lui-même, mais pour vous. S'il ne s'agissait que de sa seule survie, l'âne saurait toujours où trouver l'herbe de son bonheur, l'eau de son bonheur, et doserait ses efforts en fonction de ses besoins. Mais il lui est demandé beaucoup plus pour les autres, pas pour lui-même. Donc, l'âne qui traîne la patte n'est pas un paresseux, mais un animal qui se révolte contre un ordre qui le condamne à travailler jusqu'à l'épuisement total pour les autres, et, en récompense des services qu'il est sommé de rendre, recevoir des coups.

Moi moineau, je vais vous dire ce que je vois. Je vois le mâle âne en érection, n'ayez nul complexe à regarder cet organe qui, ainsi dressé, splendide, porte sur sa tête toutes vos prétentions d'hommes. Regardez-le, l'âne en érection, et si vous pouviez, vous aussi, pendant un petit instant, être à l'écoute de ses besoins réels, comme vous l'obligez, à coups de bâton, à l'être des vôtres, alors, vous feriez venir vos femmes et vos filles pour lui offrir un petit moment de détente après le dur labeur auquel vous l'avez condamné. Nous disons de ce monde qu'il est beau où il y a pourtant des milliards d'ânes en sueur, dont les besoins, pourtant si évidents, si éloquents, restent invisibles, inaudibles. Moi moineau, je me suis juré de ne me coltiner le fardeau de personne, car, moi moineau, Tchitchika, je vivrai à mon seul service et mourrai d'avoir vécu pour moi. Mais je vous le rappelle : l'âne a des sabots et sait mordre, donc gare à sa révolte surtout s'il est en érection. »

*

La chasse. Elle a détalé, l'antilope, quel saut, et quelle course ! Sans doute pensait-elle que ces hommes, avec machettes et massues, sans fusils ni flèches, ne s'élanceraient derrière elle qu'au risque de perdre leur souffle au bout de quelques secondes seulement. Comparé à une antilope qui veut échapper à la mort, l'homme le plus rapide est une tortue. Elle s'en va, sautant, courant, on voit son beau corps au-dessus de l'herbe haute, et, dans sa course, elle fait s'envoler des oiseaux.

C'est la chasse, elle a oublié, l'antilope, que ce qu'ils ne peuvent faire eux-mêmes, les hommes le font faire à des animaux véloces, tout aussi véloces, à leur service : les chiens. Elle perçoit maintenant sans doute leur odeur, l'odeur des chiens qui la poursuivent. La tragédie devait se jouer bien loin des hommes. Elle se joua aussitôt après que l'antilope, d'un bond, eut traversé le ruisseau, ce bond qui la conduisit sur l'autre rive où elle fut déséquilibrée. Ils étaient arrivés, eux aussi, d'un bond, les trois chiens, et au loin les hommes avaient perçu le cri de l'antilope.

Ils pressent le pas. Ils arrivent sur l'autre rive du ruisseau, l'antilope n'était pas encore morte, mais neutralisée par les trois chiens qui, sagement, se sont couchés près de leur proie. Agressifs, les hommes les somment de s'éloigner de l'animal. L'un d'eux égorge l'antilope. Bonne chasse, une antilope à ramener au village.

N'oublions pas que ce sont eux qui ont pourchassé et attrapé l'antilope,

ce sont eux qui ont couru et attrapé l'antilope,
les chiens,

et eux qui ont couru et attrapé l'antilope ont eu droit aux os.
Parce qu'ils n'ont eu droit qu'aux os de l'antilope qu'ils avaient poursuivie et attrapée, l'un d'eux, n'ayant pu se résoudre à n'avoir que des os, s'est emparé d'un énorme morceau de viande de l'antilope pour s'en aller le manger en brousse, s'assurant ainsi, ce jour-là, sa réputation de chien voleur de viande, potentiel danger pour le village, car, maintenant qu'il avait volé un morceau de la chair de l'antilope que ses congénères et lui avaient attrapée, il pourrait voler des œufs, s'attaquer aux moutons, aux chèvres, aux poules, aux coqs...

« Ce chien vient de nous prouver qu'il représente un véritable danger pour le village. Il faut l'éliminer. Tuons-le ! »

C'est pourquoi, à l'issue d'un rapide conseil des notables du village, ce chien fut offert à un ouvrier agricole kabyè, mangeur de viande canine. Je n'oublierai pas cet instant où il avait réussi à prendre le chien au lasso. L'animal se débattit, aboya, en vain. Le nœud coulant se resserra à son cou. Je revois l'ouvrier kabyè, mangeur de viande canine, je l'entends rire, le chien lâche une crotte. Je revois l'ouvrier, avec une massue, asséner des coups d'une rare violence sur la tête du chien, je revois le chien mort, la langue pendante. J'entends les rires de l'assistance. Je sais, je sais, moi, qu'un chien est mort, violemment tué, pour avoir osé s'emparer d'un morceau de l'antilope que ses congénères et lui avaient poursuivie et attrapée.

*

Le moineau a dit : « Combien êtes-vous, dans ce monde, dans notre monde, à devoir tenter de voler le fruit de votre propre labeur, à devoir payer de votre vie l'audace que vous avez eue de vouloir jouir d'une miette du fruit de votre propre labeur ? Votre tête dans le sac qui vous asphyxie, recevez les coups de massue et hurlez jusqu'au silence, car vous êtes des traîtres, des traîtres de l'ordre où vous devriez croquer les os des antilopes que vous avez vous-mêmes attrapées. Je dis, moi moineau, jamais je ne serai au service de personne, je vivrai pour moi en abritant, dans mon petit corps, la tragédie du vivant. Vous, affamés qui portez sur la tête, avec un caillou pour coussinet, le large plateau contenant un mets succulent dont se régalent vos maîtres, vous, continuez à mourir de porter sur la tête, avec un caillou pour coussinet, le mets succulent de vos maîtres, et allez mourir de faim au bout de vous-mêmes. Moi, moineau, je m'envole avec un désir d'insectes et de grains. »

*

Le moineau a dit : « La parole publique de la blessure ne dégage pas forcément une bonne odeur, mais il faut l'écouter, car, au-delà de ce qu'elle dit du blessé, elle nous parle aussi de nous. La parole publique de la blessure est riche de leçons. Justement, as-tu entendu il y a quelques instants ces interminables aboiements ? En avais-tu deviné la source ? Moi, moineau, je vais te le dire : c'était le chien Sourou qui aboyait ainsi, car ce chien, connu dans ce village pour ses prouesses de chasseur, l'unique chien du village à pouvoir, seul, faire fuir d'un champ une famille de babouins, ce chien, aujourd'hui, ne s'était pas contenté de ses victoires qui lui avaient jusqu'alors garanti dans ce village sa réputation, victoires que constituait sa capacité à faire fuir seul les babouins. Aujourd'hui, son courage était devenu témérité, même vanité, il avait voulu donc, seul, attraper un babouin, et il avait eu le malheur d'en attraper un, un tout petit qui, du dos de sa mère prenant la fuite dans l'arbre était tombé, et comme le petit que le chien Sourou avait attrapé hurlait, tous les babouins derrière la mère étaient revenus à son secours et ils s'étaient jetés sur le chien Sourou. L'entends-tu encore aboyer ? Non ! Maintenant, les babouins sont en train de le dévorer, après l'avoir déchiqueté, ils sont en train de le dévorer, et aucun homme n'est allé au secours du chien Sourou, les autres chiens, en percevant ses aboiements interminables, avaient rabattu leur queue, ils ne s'étaient pas dirigés vers le lieu du calvaire de leur congénère. Sourou est mort de sa réputation qu'il avait voulu porter encore plus haut. Or un chien, si fort, si habile, soit-il, ne devrait pas oublier de regarder la gueule d'un babouin en colère, il ne devrait pas oublier de bien regarder les dents d'un babouin en colère, il ne devrait pas oublier de jauger le babouin à la puissance qui se dégage de ses gestes, de ses cris, quand il est en colère. Sourou, le chien du chef du village, n'avait pas compris que même face à un seul babouin adulte, il n'était qu'un chien.

Moi moineau, obligé à la prudence à cause de ma petite envergure, je sais quel insecte ne descendrait pas facilement dans mon gosier, et je ne confondrais pas l'œil d'un serpent, même d'un serpent non venimeux, avec un grain qui brille. Je dois d'être toujours en vie en partie à mon écoute de mes propres limites, ce que n'avait pas su faire le chien Sourou, écouter ses propres limites. Je vais m'envoler jusque sur le lieu de sa triste fin, il y aura encore, là-bas, sans doute, des miettes de lui que je disputerai aux fourmis et à d'autres oiseaux. »

*

Le moineau a dit : « L'éléphant est grand, certes, mais ses pets, grand vent, ne déplacent pas une montagne, et lorsque vient la mort, sa trompe et ses défenses ne lui sont plus d'aucun secours, il s'effondre, devient une abondante nourriture pour les charognards. »

*

Les oiseaux chantent dans les arbres, les arbres écoutent les oiseaux. Dans les arbres, les oiseaux trouvent leur pitance et, au sol, où ils trouvent aussi leur pitance, ils sèment des arbres. L'oiseau vole avec des arbres dans ses fientes. Les arbres accueillent les oiseaux et leur confient une part de leur avenir. Les oiseaux et les arbres ont des relations d'échanges ininterrompues, et nous les humains nous jouissons de leurs fruits, comme nous jouissons de l'amitié entre la terre et le ciel, éléments tenus d'une seule main par le Mystère.

Le moineau a dit : « Quand j'ai un désir de fruit, les arbres m'appellent, la terre aussi m'appelle. Pour boire, je demande un peu d'eau aux feuilles des arbres ou à la rivière. Par mes fientes, je nourris la terre. Par mes cris, je contribue à la mélodie universelle. Avec la mort, j'ai signé un pacte : je finirai dans sa panse. »

*

Quand je pense à mon père et à mon village natal, je vois les oiseaux, les moineaux surtout, et je n'oublie pas nos pigeons, nos poules, nos canards, nos pintades, nos canards..., les hirondelles volettent dans ma mémoire, l'hirondelle rit, le héron blanc me parle, les yeux de la chouette me fascinent, la tourterelle répand ses notes, je vole à la manière de ces oiseaux, mais seulement dans mes rêves, si doux rêves où je défie les limites de ma nature, je deviens le maître des airs. Hélas, je me réveille avec ma nature d'animal non volant.

*

C'était au cours de la période des amours, par ces nuits où les chiens s'accouplaient en hurlant, qu'un jour, au petit matin, le village découvrit, couché sous le grand ficus de la grand-place, un chien noir, d'autant plus facile à remarquer qu'avant ce jour il n'y avait jamais eu un chien de cette couleur chez nous, les animaux noirs étant considérés comme de mauvais augure ou juste recherchés pour des sacrifices, pour des pratiques occultes. L'hostilité envers ce chien noir, venu d'ailleurs, et qui avait choisi le ficus, dont les racines aériennes maintenaient solidement une énorme pierre recouverte de sang et de plumes des poules et coqs sacrifiés, le fétiche du village, le fétiche de notre village de musulmans, l'hostilité envers ce chien étranger, tout noir, vint d'abord des autres chiens qui, tous, femelles et mâles, comme s'ils avaient perçu en cet étranger une menace, avaient tu leurs habituelles petites querelles internes pour partir, unis, à l'assaut de l'indésirable. Nous assistions, adultes et enfants, à ce qui nous semblait une mission punitive dont l'issue, croyions-nous, ne pouvait être que la mort. Il se produisit pourtant un miracle : alors qu'ils étaient sur le point de le tuer, les chiens du village, au bout d'un moment, babines toujours retroussées, dents menaçantes exhibées, sans cesser de grogner, reculèrent plutôt, sans quitter des yeux l'étranger noir, qui avait multiplié des attitudes de soumission. Ils finirent par se disperser, laissant seul sous le ficus le chien noir dont nous ignorions la localité d'origine. Quand il eut l'assurance que ses congénères avaient choisi de l'épargner, il secoua ses poils (il avait beaucoup de puces et était maigre). Nous crûmes qu'il allait alors repartir d'où il était venu, quitter notre village, mais il ne s'en alla pas, il se dirigea plutôt vers la forge de mon père, entra dans la forge et, comme s'il avait été de la famille, alors que nous avions déjà deux chiens, il se coucha, les pattes antérieures allongées, les postérieures repliées, il ferma les yeux. Lorsque nos chiens à nous entrèrent dans la forge et l'y virent, ils se montrèrent curieusement conciliants avec lui, ils le reniflèrent puis parvinrent à l'attirer dehors. Nous les regardions jouer, en courant ou en feignant de se mordre.

Mon père venait en réalité, ce matin-là, d'accueillir un troisième chien. Il ne quitta plus jamais le village. Il se révéla un nez exceptionnel. En effet, il pistait sur de longs kilomètres n'importe quel animal qu'il débusquait et attrapait avec l'aide de ses congénères. Il devint le chien préféré de tout le monde au village, ce grand chasseur que personne n'était venu réclamer. Nous l'avions baptisé Ougom, «étranger» dans notre langue, et tous les paysans sollicitaient Ougom pour la chasse ou pour éloigner les singes des champs où ils saccageaient les cultures.

Qui aurait pu prédire alors la cruelle fin de ce chien noir, d'Ougom, hein? Le féticheur du village en avait pourtant décidé ainsi, parce qu'un malheur menacerait notre localité et qu'il fallait le conjurer rapidement. «Sans tarder, il faut sacrifier un chien noir», avait-il précisé. Le chien noir, notre chien, celui qui était devenu notre chien, l'unique chien noir du village, qui vivait alors avec nous depuis quatre ans déjà, ce chien arrivé de nulle part, que personne n'était venu réclamer, Ougom donc, l'étranger, devint l'animal du sacrifice, et mon père n'aurait pu s'y opposer alors qu'il s'agissait de conjurer un malheur dont le village était menacé. Un mercredi, le sacrifice eut lieu, par le féticheur lui-même, en présence de tous les notables autour du chef Wouro Tou (l'imam Alfa Isaka assista lui aussi à la cérémonie).

Je revois encore la scène, l'empalement à vif de ce chien noir que le féticheur avait affaibli d'abord avec un poison pour éviter ses morsures. Un long bâton sec, dont un des bouts avait été taillé pour devenir pointu, lui fut introduit dans l'orifice anal et lui ressortit par le museau. Il eut à peine la force de se débattre, il se résigna à son sort cruel. Le bâton fut ensuite implanté, comme un mât, à un carrefour, le chien hissé tel un drapeau. Quelques jours seulement après son empalement (j'avais pleuré), quand son corps entama son processus de putréfaction, des vautours arrivèrent nombreux pour s'en régaler, ne laissant, au carrefour, que les os blancs du chien noir.

Dans quel coin du monde ai-je déjà vu un chien noir sans que tu sois revenu dans ma mémoire, sans que je me sois souvenu de mes larmes, sans que j'aie perçu les mots de mon père : « Il mourra pour le bien du village, il sera à jamais associé à notre destin » ? Je porte en moi un chien noir empalé vivant pour conjurer le malheur, un chien arrivé de quelque part et qui avait rendu tant de services aux paysans grâce à son nez exceptionnel.

Je le porte en moi et je le revois ce matin où, après avoir échappé aux canines de ses congénères sous le ficus, il avait choisi mon père, en entrant dans notre forge, je le porte en moi, Ougom le chien noir, l'étranger, que le village avait sacrifié, le chien Ougom qui fut victime de la couleur de ses poils.

*

Le moineau a dit : « Tu n'as pas tout raconté, j'étais là, moi aussi, et j'avais vu, tout vu. Tu n'as pas raconté la révolte des chiens, de tous les chiens du village, même des chiots, tu n'as pas raconté leur révolte, quand ils avaient compris ce qui allait se passer, le sort réservé à Ougom, l'étranger noir. Un chien avait hurlé derrière une concession, puis les hurlements de tous les chiens avaient empli le village. Les chiens, tous, s'étaient regroupés sous le ficus, là où, des années plus tôt, était arrivé Ougom. Ils avaient formé comme un rang de guerriers, puis, babines retroussées, avaient avancé sur les hommes, décidés, c'était clair, à empêcher ce sacrifice. Il fallut des massues et des cailloux pour les éloigner du lieu de la cérémonie, ils reculaient, mais, sans jamais cesser de hurler, puis, soudain, ils revenaient encore plus menaçants. S'ils avaient donné l'assaut, ce jour-là, en vérité, il y aurait eu des morts à la fois dans les rangs des hommes et dans les leurs, mais ils reculaient toujours au bout d'un moment, et c'est parce qu'ils reculaient que les hommes avaient enfin pu empaler vivant le chien noir. Ils poursuivirent cependant les hommes jusqu'au carrefour, et quand le chien empalé s'y retrouva, au bout de la perche implantée dans le sol, ils y montèrent la garde, ils veillèrent sur la dépouille de leur congénère en hurlant et en menaçant de mordre toute personne qui s'approchait un peu trop près de ce lieu où était exhibée la preuve de la cruauté humaine à leur égard. Leurs hurlements étaient devenus de véritables lamentations, et bien des hommes et des femmes se dirent touchés par la façon dont les chiens portaient le deuil. Quand une forte odeur avait commencé à se dégager du corps d'Ougom, que les chiens avaient compris que le processus de putréfaction avait commencé, alors, tristes et résignés, ils quittèrent le carrefour. Ils abandonnèrent la dépouille d'Ougom aux vautours.

Mais, de temps en temps, ils retournaient au carrefour où il y avait encore quelques os d'Ougom pour hurler pendant un petit moment. Ils se comportèrent ainsi durant trois mois. De quelques asticots parmi les très nombreux qui avaient grouillé dans la dépouille putride de ce chien, moi moineau je m'étais nourri. Donc, je porte en moi la mémoire de ce chien noir empalé vivant pour conjurer le mauvais sort, le malheur dont l'ombre avait plané sur le village, je porte en moi la mémoire de ce chien qui, devant la mort, ne s'était pas plaint, car à quoi bon se plaindre lorsque sonne l'heure de cette noble conclusion de la vie ? »

*

Le moineau a dit : « La mouche qui enquiquine le chien compte sur ses ailes, mais la mouche qui enquiquine le chien sait-elle combien de mouches a déjà gobées le chien qu'elle enquiquine ? Attirées par les plaies du canidé, elles étaient venues, et de l'avertissement qu'avaient représenté la queue remuée, les oreilles secouées, tout le corps remué, elles n'avaient point tenu compte, puis, un jour, un museau s'était ouvert pour se refermer rapidement sur elles. Le chien, des mouches, n'a aucun goût, mais, de mort, il les punit parfois, alors qu'elles ne sont pas à l'origine de ses plaies. La mouche qui enquiquine le chien aurait tort d'oublier la rapidité avec laquelle le chien ouvre et referme, en un clap de moins d'une seconde, son museau. Mais on ne peut demander à une mouche de cesser d'être une mouche, on ne peut lui demander de s'éloigner des plaies, de s'éloigner des immondices, on ne peut lui demander de cesser d'être ce qu'elle est : une mouche, insecte attiré par les plaies comme le chien lui-même par la viande fraîche ou par la charogne, comme l'homme par la lumière ou par les ténèbres, comme l'abeille par les fleurs, comme le papillon par les fleurs, comme la tique par les vaches.

    La mouche gobée par le chien, combien de larves, avant sa mort, a-t-elle laissées et combien parmi elles sont devenues mouches adultes ? Plusieurs, oui plusieurs ! Et le chien, en gobant nombre des mouches qui l'enquiquinent, sait, il le sait, qu'il y aura toujours, attirées par ses plaies, des mouches, encore plus de mouches, que son monde rêvé, peut-être un monde sans mouches, n'existera pas avant que lui-même, chien, ait disparu de la terre. Je vous le dis, vous ne vivrez jamais sans vos parasites, jamais sans vos enquiquineurs, mais on ne peut vous reprocher vos efforts à vous en défendre, à vous en protéger, parfois en donnant la mort. Cependant, une question, une toute petite question : savez-vous de combien de créatures vous êtes des enquiquineurs, des nuisibles ? Elles sont nombreuses, les créatures dont le monde rêvé est un monde purgé de vous. »

*

Sais-tu quel bien te font les mouches qui viennent se poser sur toi ? Elles te rappellent que de toi se dégagent des odeurs appétissantes pour elles. Si cela te déplaît, alors, lave-toi, mais, si, pour quelque raison que ce soit, il t'est impossible de te laver, dans ce cas, supporte la compagnie des mouches. Elles ne crient pas haro sur toi, elles saluent plutôt la forte odeur de la vie qui se dégage de toi, qui s'épand de tes vêtements ou de ton corps.

*

J'ai refermé la bouche sur une mouche. J'ai avalé la mouche. La mouche que j'ai avalée est-elle aussi celle qui est tombée dans ma calebasse contenant un peu d'eau ? Est-ce la même mouche que j'avais moi-même sauvée de la noyade au fond de ma calebasse ? Aurais-je sauvé une mouche de la mort pour ensuite lui donner la mort en l'avalant ? Une mouche a échappé à la mort grâce à moi. Dans mon estomac la même mouche a terminé sa vie. À la mouche que j'ai sauvée, je dis : « Que tes ailes te conduisent très loin. » À la mouche dans mon estomac, je dis : « Tu seras libérée demain, fondue dans la matière puante qui fait partie de moi. D'autres mouches viendront alors te récupérer dans leur mémoire. » Une abeille s'est posée sur mon épaule et m'a dit : « D'une mouche, tu te soucies tant, mais, pour me voler mon miel, c'est du feu que tu te sers. Ô cruelle créature, si ton cœur avait été un océan, tu t'y serais noyé toi-même et je ne t'aurais pas pleuré. » L'abeille s'est envolée. À l'abeille qui s'est envolée, j'ai dit : « Demain dès l'aube, j'irai à ta ruche. »

*

Tu dors la bouche ouverte, hein ? Alors, dans ta bouche, des mouches se précipitent pour pondre des œufs. Mais ne leur en veux pas. À leurs yeux, ta bouche ouverte est une plaie idéale pour faire pousser l'avenir. Souviens-toi que les mouches courent toujours à la mort pour lui imposer la prolifération de la vie. Donc, n'écrase pas les mouches, car, un jour, elles féconderaient ton corps en putréfaction et feraient de toi, mort, plusieurs centaines de vies volantes. Les mouches avertissent, les mouches prévoient, les mouches signalent. Les mouches, ces petits êtres volants, sont les gardiennes de la vie.

*

Le moineau a dit : « Parce qu'elles ne vous menacent pas d'un dard comme les abeilles, comme les guêpes, vous avez oublié que les mouches sont porteuses de nombreux dangers. Aux charognes, elles vont. Sur les plaies, elles se posent. Des charognes, ou des plaies, elles s'envolent, avec, au bout de leurs petites pattes, dans leur trompe, de petits êtres invisibles responsables de beaucoup de maladies. Les mouches ne donnent pas directement la mort, mais elles sont des messagères de la mort. Moi moineau, je m'en vais consommer quelques larves de mouches. Des asticots qui grouillent vers leur avenir de nuisibles ailés, je raffole. »

Une mouche répond au moineau : « Demain, quand tu mourras je donnerai vie à des centaines d'asticots dans ton petit corps. Ils te dévoreront. »

*

Aux nombreuses mouches qui l'envahissent, un cabri malade dit : « Sœurs mouches, laissez-moi mourir d'abord, et mon cadavre sera à vous. » Une mouche lui répond : « Frère cabri, tu es déjà mort. Toi tu l'ignores, mais nous, nous le savons. La maladie t'a déjà fini, tu tiens à peine sur tes pattes. De quel sursis voudrais-tu encore bénéficier, à moins que tu ne rêves d'un miracle ? Il n'y a pas de miracle, frère cabri. La mort joue seulement avec toi. Donc, nous sommes là juste pour t'accompagner vers le silence. » Le cabri lui répond : « Mouche, puisque vous avez senti ma mort avant moi-même, qu'à vos yeux je suis déjà un cadavre, alors, faites ce que vous avez à faire, toi et toutes les autres. » Le cabri se couche. Les mouches recouvrent tout son corps. Le cabri meurt aussitôt et les mouches fêtent l'événement par leurs bourdonnements.

*

En danger, la tortue entre dans sa carapace. Sa carapace est une sorte de bouclier contre les dents, les griffes... En danger, le hérisson se ramasse en boule. Ses piquants constituent une sorte de bouclier contre ses prédateurs. Mais la carapace de la tortue et les piquants du hérisson ne suffisent pas à les protéger indéfiniment contre leur destin de vivants, ils ne leur garantissent pas d'exister sans danger jusqu'à ce qu'ils se retirent naturellement, avec l'âge, du Temps. Il est écrit que pour eux aussi, la vie est une lutte. En danger, surtout face à l'homme (nous consommons, nous, la chair de la tortue, la chair du hérisson), la carapace et les piquants constituent des protections d'une efficacité limitée.

Le moineau a dit : « La nature t'a pourvu de ton bouclier et la nature a doté tes ennemis de tant de ruses pour t'atteindre. Vis avec l'assurance d'être protégé. Vis avec la conscience que tu es exposé. »

*

La vipère, à l'homme, dit : « Mon venin, je l'utilise, normalement, pour tuer mes proies, mais aussi pour me défendre quand je me sens en danger. Jamais je ne vis avec le désir d'aller te nuire, de m'en prendre à toi. Il nous arrive, hélas, de nous rencontrer, et vous, ici dans ce village, vous consommez la chair des vipères, vous les tuez pour les sécher, utiliser leur peau, leur tête, leurs dents, tout leur corps, pour votre médecine, pour d'autres pratiques... Je ne vous attaque que quand je me sens en danger, vous m'attaquez, vous, systématiquement, pas seulement par peur de mon venin, mais aussi parce que tout sur mon corps vous appelle, à la fois pour votre cuisine et pour vos pratiques diverses. Moi qui, en me sentant en danger, me ramasse d'abord en boule pour tenter de rester invisible, quand je suis obligée de vous mordre, je le fais en sachant que de ma morsure vous pourriez mourir. Je le fais en sachant que je pourrais vous envoyer au cimetière, provoquer des pleurs au village, voire aussi l'éclatement de vos fragiles harmonies, car, alors que la mort est bien l'effet de mon venin, vous l'attribuez à la sorcellerie d'un homme ou d'une femme. Vous parvenez toujours à arracher des aveux d'abord à une personne, puis vous la forcez à désigner ses complices, hommes et femmes qui se transforment la nuit en oiseaux de proie pour manger des âmes humaines. Récemment, c'est ce qui s'est passé après la mort de l'un des fils du chef du village, que j'avais mordu. Son décès a été attribué à l'une de ses marâtres, une femme respectée, riche, mais qui n'a pas eu d'enfants. Elle a été humiliée publiquement. Sa mère, son frère et son père, désignés par elle-même comme ses complices, ont été frappés par tout le monde. C'est ainsi que les hypocrisies qui permettaient au village de vivre dans une certaine harmonie, dans une certaine solidarité, ont été mises à mal devant la nudité des inimitiés, des haines, des détestations, des rancunes... Humains, même si vous exterminiez les vipères, vous vivriez avec d'autres serpents venimeux. Maintenant que je vous ai dit tout ce que j'avais à vous dire, je vais changer de peau, faire ma mue, laisser ma vieille peau que vous ramasserez, comme d'habitude, pour vos pratiques occultes. Je ferai ma mue pour aller, dans ma nouvelle peau, chercher à me nourrir. Ah! Voici un moineau! C'est petit, mais, en attendant d'attraper un rat, ce petit oiseau sera à mon menu, lui qui, pépiant, en quête d'insectes, ne devine pas ce qui l'attend. Je me trouve déjà à quelques centimètres de lui. D'une détente éclair, je frapperai... Ah! Le moineau s'est envolé à temps. Perché maintenant sur la branche d'un arbre, il pépie pour me narguer. De la forge du boiteux me parviennent les bruits du marteau qui s'abat sur le fer. Si près du village, je vais devoir me dissimuler sous des feuilles mortes. Avant la nuit, sûrement, je tuerai, et, peut-être, pour échapper à la mort, je mordrai un humain. »

Le moineau a dit : « Une vipère vient d'attraper un moineau, ma femelle. Au tribunal de la condition du vivant, ma vaine plainte. Au ciel qui me sourit de son soleil, ma complainte. À l'homme dont le champ m'offre des graines, je ne dis pas merci. À la vipère qui se meurt, je dis adieu. De mes rêves, j'extirpe tous les serpents, mais dans mes cauchemars, des langues bifides qui captent mon odeur et celle de mes enfants dont est chargé l'air. Au tournant de ma journée, peut-être des crochets et du venin. » Le moineau a dit : « Encore une vipère! Je m'envole. Aujourd'hui, à son menu, ce ne sera pas moi. »

*

Le vieux cheval, qui se déplace difficilement maintenant, tout amaigri, la crinière abîmée, se souvient sans doute de ses galops, en ces temps où, avec ou sans une charge sur le dos, il se grisait de l'espace. Il se souvient aussi de cette danse, celle qu'il exécutait, harnaché, fier de lui, il se souvient de sa fougue, de sa belle santé. Aujourd'hui, en voyant arriver la nuit, est-il triste ? Peut-être ! Mais le sage moineau lui dit à l'oreille : « Frère cheval, dans la force de l'âge, en jouissant du jour scintillant, tu ne t'es pas rappelé que la nuit arrivera forcément et qu'elle est la conclusion logique de toute existence. Et n'oublie pas qu'après ta mort il y aura toujours des chevaux, beaucoup de chevaux, comme il y en a eu avant ta naissance. Ne l'oublie pas : la beauté que tu as apportée au monde ne disparaîtra pas avec toi. Frère cheval, chacun de nous est un passager à l'intérieur d'une espèce plus durable sous le toit du Temps. »

Soudain, le cheval tombe et meurt.

La nuit arrive.

Il y a beaucoup d'étoiles dans le ciel.

*

À l'hameçon du pêcheur patient qui voit dans l'eau de la rivière le reflet de son visage, il y a un bout de ver de terre. À l'hameçon du pêcheur, un appât. Le poisson voit l'appât. Il s'empresse de le happer. Le poisson a vu l'appât, non l'hameçon. En gobant le ver de terre, il a gobé surtout l'hameçon. Sorti de l'eau, il se débat, mais la ligne lui résiste et, surtout, l'hameçon lui cause des douleurs atroces. Quelques instants plus tard, écaillé, éventré, vidé, découpé en morceaux, le poisson, après l'eau où il est né et a grandi, se retrouve dans une marmite sur le feu. Dans le ventre des humains, il aura bientôt une place.

Le moineau a dit : « Le monde est peuplé d'êtres qui courent dans tous les sens, attirés par l'appât au bout d'un énorme hameçon. Ils sont tenus en laisse par l'impératif du ventre, ou par d'autres rêves qui imposent leur force à la prudence. Jouez avec la mort pour espérer demeurer du bon côté de la vie. »

*

C'est pour échapper à la poule, donc à la mort, que la blatte s'est envolée. Hélas, elle est retombée dans une marmite de sauce sur le feu, et ma mère, de colère, a recueilli, avec une louche, la blatte qui a souillé sa sauce, pour la lancer vers la poule à laquelle elle avait tenté d'échapper, et la poule, devant ce cadeau, une blatte morte, a secoué les ailes, puis d'un puissant coup de bec a emporté sa pitance pour l'avaler. Mais aussitôt après ce repas, elle est prise de vertige, puis de folie, elle tentait, la poule, de s'envoler, elle courait, tentait de s'envoler... Alors, il fut dit que la poule nous avait sauvés d'un malheur qu'un ennemi nous aurait envoyé à travers une blatte, ainsi donc, sur l'ordre de mon père, ma mère jeta la sauce dans laquelle la blatte était d'abord tombée, elle jeta la sauce avec la viande d'agouti et, quelques instants plus tard, en prépara une autre avec la chair de la poule qui nous avait sauvés en avalant la blatte qu'on soupçonnait d'être empoisonnée.

*

Le doyen du village est mort. Il avait quel âge ? Plus de cent saisons, disait-on, du moins, il avait vécu longtemps, et parce qu'il avait vécu longtemps il avait eu le malheur d'enterrer toutes ses épouses, tous ses enfants et quatre de ses petits-enfants. Il avait fini par se réfugier seul dans sa case, seul, dans sa case où on lui apportait à manger. Seul ? Pas exactement, car un compagnon lui était resté fidèle, son chien blanc, chien blanc qu'il avait baptisé Sim Fèyi (« La mort n'existe pas »). Quand, enfin, la mort voulut de lui, qu'il fut enterré, son chien allait, toutes les nuits, se coucher, en pleurant, sur sa tombe. Du cimetière, ses pleurs nocturnes parvenaient au village. Au lever du jour, il revenait dans la chambre du mort, aboyait intermittemment, puis, la nuit, retournait sur la tombe de son maître. Un jour, comme il n'était pas revenu au village, l'on déduisit qu'il était mort lui aussi, mais nulle part dans le cimetière on ne retrouva son corps. Cependant, plusieurs mois durant, son fantôme avait continué de faire entendre ses pleurs toutes les nuits. Un matin, le toit de la case de son maître prit feu, et cet incendie mystérieux, qui détruisit tout ce qu'avait laissé le défunt, l'homme qui avait vécu si longtemps, trop longtemps, au point de connaître le malheur d'enterrer toutes ses épouses, tous ses enfants et quatre de ses petits-enfants, cet incendie mit aussi fin aux pleurs du fantôme du chien blanc, ce chien devenu un mythe dans notre village.

*

Le moineau a dit : « N'est pas ton ami celui qui t'encourage dans ta colère, car, de ce qu'il pourrait advenir de ton cœur enflammé, il se soucie peu ou pas du tout. Donc, moi moineau, au chien qui aboie, je dis : "Calme-toi, frère ! Ferme les yeux ! Laisse passer le temps de la colère. Ne permets pas à ta colère de mettre ton intérieur en feu, au risque de te faire perdre ton cœur et d'offrir à celui qui t'a offensé de bonnes raisons de rire de ta mort. Couche-toi, prends le temps de t'apaiser. Ensuite, je reviendrai te raconter les légendes qui fleurissent à la cime des arbres et te prier de me décrire les êtres invisibles mais qui n'échappent pas au mystère de tes yeux à toi. Parce que je suis ton ami, je préfère te dire que tu as tort, pour ne pas apporter du bois au feu de ta colère, je préfère, pour le calme de ton cœur, te donner tort, car, chien, c'est ta colère que je dois d'abord éteindre, cette colère qui, en te poussant à aboyer, te fait passer pour un dangereux excité, l'animal enragé. Non, chien, moi moineau, je te dis : calme-toi et laisse ton offenseur s'en aller. Ainsi, parce que tu n'aboierais plus, ton offenseur se souviendrait-il avec beaucoup plus de peur de tes puissantes canines. Donc, n'aboie plus, calme-toi." »

*

L'épervier plane dans le ciel, son ombre projetée sur le sol en une menace imminente. La poule, à ses vingt poussins, donne l'alerte, mais, rapide, l'épervier fonce vers le sol et, au bout de ses serres, emporte un poussin. La poule vient de perdre un de ses poussins. Maintenant, elle glousse de colère. Mais elle sait que son poussin ne reviendra pas. Elle souffre de cette perte. Pourtant, il lui reste dix-neuf poussins vivants, dont elle doit toujours s'occuper, qu'elle doit protéger. Non, elle ne supporte pas d'en avoir perdu un. Elle est en colère. Elle nourrit peut-être un désir de vengeance. Mais elle a conscience que contre l'épervier, elle n'aurait aucun moyen de vengeance. D'ailleurs, le même épervier pourrait revenir pour emporter un deuxième poussin.

Alors que la poule continuait de manifester sa colère et sa souffrance par des gloussements, je me pose sur le sol près d'elle et de ses dix-neuf petits. Je lui dis : «Celui qui cause notre malheur peut en subir un tout aussi grand, voire un plus grand au point de nous inspirer de la pitié, même de la compassion, à nous qui avons plutôt de bonnes raisons de nous en réjouir. Poule, c'est pourquoi moi moineau je viens te demander d'avoir un peu de compassion pour l'épervier qui a emporté un de tes poussins.»

Ne pouvant comprendre ma démarche, encore moins la tolérer, la poule s'emporte contre moi et tente de me donner un coup de bec. Bien sûr, la colère de cette mère endeuillée à qui je demande un peu de compassion pour l'épervier qui est cause de son malheur est justifiée. Mais, après avoir échappé à son bec, je lui dis : « L'épervier a emporté ton poussin pour nourrir ses deux petits, oisillons sans défense. Hélas, un très grand malheur lui est arrivé, car, au moment où, en mère comme toi, il cherchait une proie pour ses petits, un serpent s'est glissé dans le nid où ses petits l'attendaient et il en a fait son festin. L'épervier, mère comme toi, est retourné dans son nid et n'y a retrouvé que des fientes. Poule, à toi, il reste encore dix-neuf poussins, mais l'épervier qui a causé ta douleur a perdu les deux enfants qu'il avait. Poule, voilà pourquoi je viens te demander un peu de compassion pour cet épervier que tu as pourtant toutes les raisons de haïr. »

La poule, en colère, tente encore de me donner un coup de bec, mais elle finit par se calmer. Elle s'éloigne de moi, suivie de ses dix-neuf petits. Je me suis demandé si elle avait maintenant une petite compassion pour l'épervier qui avait emporté un de ses poussins ou si elle se sentait plutôt vengée par le serpent et se réjouissait du malheur de son ennemi.

*

Moi moineau, je me le demande : la souris pourrait-elle, dans certaines circonstances, oublier ce qu'est le chat pour elle et comprendre que le chat, son pire ennemi, est soumis, comme elle, à la même tragédie du vivant ? Ai-je le droit de demander à une poule qui a vu son poussin emporté au bout des serres d'un épervier de se montrer sensible au malheur du même épervier dont les oisillons ont fait le bonheur d'un serpent ? Je demande peut-être trop à la poule, mais c'est parce que la poule ne saura pas se montrer sensible au malheur de l'épervier qui a emporté son poussin que le ver de terre ni le termite, dont elle se repaît, elle, dont elle nourrit ses petits, ne se montreraient pas non plus sensibles à son malheur à elle dont le poussin a été emporté par un épervier.

*

Savane en flammes.
Les animaux se sauvent.
Les courants courent.
Les volants volent.
Les rampants rampent.
Alors, une gazelle s'arrête pour s'apitoyer sur le sort d'un escargot qui ne pourrait échapper au feu par ses seuls moyens. «Mon frère escargot, dit la gazelle au mollusque, tente de monter jusqu'à mon dos pour que je t'éloigne du danger.» L'escargot lui répond : «Merci, sœur gazelle. Mais, pour moi, l'aventure s'arrête ici. Je deviendrai cendre et nourrirai la terre. Dans l'herbe fraîche qui repoussera, il y aura un peu de mon goût. En broutant, ne m'oublie pas, car c'est toi qui porteras notre amitié dans ton sang. Maintenant, au risque de te mettre en danger, sauve-toi. — Je suis très triste de devoir m'en aller en te sachant condamné à mourir dans le feu, frère escargot, dit la gazelle au bord des larmes. Cependant, à la mort qui arrive vers toi, je fais une prière : qu'elle te soit douce. — Sœur gazelle, la mort apaise, même si elle nous arrive avec une cruauté rare comme le fait d'utiliser le feu pour nous emporter.

Donc, toi, va et vis. Moi, je mourrai avec le souvenir de notre amitié. Toi, vis avec le souvenir de notre amitié. »

La gazelle, triste, détale. Quelques instants seulement après, alors que le feu lui envoie déjà sa chaleur, l'escargot, peut-être dernier bruit sourd à ses oreilles arrivé, avant qu'il ne soit consumé par les flammes, perçoit une détonation. Il a juste le temps d'adresser une prière au dieu de la savane : « Faites, dieu de la savane, que ce coup de feu n'ait pas été pour la gazelle qui a tenté de me sauver. Car, si elle mourait pour avoir pris sur son destin quelques secondes de retard, celles qu'elle m'a accordées... » Le dieu de la savane lui coupe la parole : « Une gazelle vient de mourir. Escargot, toi aussi, meurs ! Mais, demain, il y aura toujours des escargots et des gazelles dans la savane. Les jours ne cesseront pas d'être jours, les nuits, nuits. La savane chantera toujours, sans toi, sans la gazelle qui vient de mourir, comme elle avait chanté avant toi, avant la gazelle qui vient de mourir, car vous n'étiez pas là quand d'autres incendies dévoraient les herbes de cette plaine, vous n'étiez pas encore nés. Escargot, voici venu le feu. Ne pleure pas, ta coquille ni ta bave ne te sauveront, donc, ne pleure pas. Meurs ! — Dieu de la savane, prends soin de toi, pour que jamais la savane ne meure. »

*

Si on invitait des souris au chevet d'un chat malade, elles le tueraient avec leurs petites dents, mais il est possible aussi que même un chat mort provoque de la terreur chez les souris, car ce n'est pas le chat qu'elles verraient, plutôt leur propre mort. Il est donc possible que devant un chat mort, les souris se sauvent. L'ombre de votre bourreau s'est enracinée en vous, tel l'arbre dans la vallée fertile, et elle seule suffit à vous soumettre. Sur le cadavre du bourreau, vous n'oserez cracher. Sur la tombe du bourreau, vous n'oserez danser, car, en vérité, votre bourreau a inscrit son pouvoir de vous soumettre, de vous effrayer, quelque part dans votre esprit. Vous êtes ces souris qui, au moindre miaulement, regagnent leur trou, en oubliant qu'elles ont des dents et des griffes, qu'à plusieurs elles pourraient faire des petites blessures dans la peau du chat, crever les yeux du chat, vaincre le chat, transmettre la peur qu'elles ont du chat au chat pour que celui-ci se sauve en voyant même un souriceau. Non, une peur s'est installée en elles, est devenue atavique, et les empêche de se rappeler leur potentiel de violence défensive contre le chat. Elles ont développé une prudence, la prudence qui les incite à se sauver, le cœur affolé, même devant un chat mort. Parce que les souris auront peur même d'un chat mort, l'ordre du monde sera toujours celui où le chat fait fuir les souris.

*

Ce chat noir, un mâle, d'une excellente santé, d'une souplesse admirable, fait un saut pour tenter d'attraper une tourterelle. Hélas, il rate sa proie et, curieusement, il ne retombe pas sur ses pattes, mais sur le dos, brutalement, au point de se briser la colonne vertébrale. Maintenant, il se déplace difficilement et miaule tristement. Quelques instants plus tôt, ce chat était encore en bonne santé, mais un saut puis une mauvaise chute et le voilà entré dans l'univers de la maladie. Maintenant, il n'aura peut-être plus que des angoisses, les yeux ouverts sur son horizon assombri. L'espace d'un cillement, le chat, qui, quelques instants plus tôt, faisait encore d'admirables bonds pour attraper des oiseaux, ne se tient plus bien sur ses pattes maintenant. Ainsi va la vie. Maintenant et toujours…

*

Bruyantes et indiscrètes amours des chiens! Discrètes, quoique tout aussi bruyantes, amours des chats! En sont issus des chiots, des chatons, tout aussi fragiles d'abord, puis, comme leurs parents, devenus adultes, puissants, rusés chasseurs, mais, comme leurs parents, rarement amis. Le moineau a dit : «Il faudrait que nous prenions exemple sur les chiens et sur les chats, ces ennemis qui vivent ensemble, savent se tenir mutuellement en respect et presque jamais ne se livrent à des querelles couronnées par sang et mort.» Le moineau a dit : «Miauleurs et aboyeurs, avec vos canines et vos griffes, regardez voler les oiseaux, courir les lièvres, ramper les serpents, gambader les antilopes, s'amuser les souris…»

Le moineau s'est envolé, il a échappé de peu aux griffes d'un chat.

Donneurs de leçons, n'oubliez pas la cruauté nécessaire de la vie et, au moment où vous servez au monde vos pensées sirupeuses, ayez toute votre vigilance dans vos ailes, dans vos pattes, dans vos jambes, car, en vérité, la beauté soporifique de votre morale consensuelle est, pour vous-mêmes, le pire ennemi.

*

J'ai vu des crapauds avaler des serpents, j'ai vu des grenouilles avaler des serpents. J'ai vu des serpents tuer et avaler des crapauds, j'ai vu des serpents tuer et avaler des grenouilles. Il m'a été dit par ma mère moineau que les serpents sont venimeux, ma mère moineau ne m'a pas parlé des grenouilles et des crapauds venimeux. J'ai vu (ma mère n'était plus là pour que je le lui rapporte) un serpent non venimeux voler le poison d'un crapaud pour devenir à son tour venimeux. Mère, tu n'es plus là, mais moi moineau, par moi-même j'ai appris que l'ordre du monde est beaucoup plus complexe qu'il n'en a l'air. Le serpent comme proie d'un crapaud, d'une grenouille : sont-ils nombreux, ceux qui le savent ? L'avais-tu su, toi, mère ? Moi moineau, je sais que le crapaud ni la grenouille ne sont, face aux serpents, forcément la proie. Cependant, dans un combat entre un crapaud et un serpent, je me mettrais juste à côté, mes ailes prêtes à m'emporter dans les airs, pour souhaiter la victoire au crapaud, car, si je dois craindre les serpents, du crapaud je n'aurais rien à redouter. Je pourrais même inviter le crapaud chez moi et lui apporter des insectes à manger.

« Moineau, toi qui crois déjà tout savoir, il te reste

beaucoup de choses à apprendre, comme le fait que, dans certains coins du monde, il y ait de gros crapauds qui attaquent et tuent des oiseaux de ta taille pour les manger. Donc, quand tu inviteras le crapaud, surtout s'il est gros, ne laisse pas ta vigilance loin de toi, au risque de servir toi-même de plat à ton hôte. Tel est aussi un des aspects de l'ordre assez complexe du monde. »

*

Le moineau a dit : « Au bord du Grand Fleuve, il faut mille précautions pour convaincre l'assoiffé qu'il n'y a point d'eau pour le sauver de la soif qui menace de le tuer. Seuls les puissants parviennent à imposer des vérités que même Dieu ne pourrait contester, des vérités comme : les éléphants naissent des fourmis. »

*

Les chauves-souris dans l'arbre, suspendues, la tête vers le bas, s'agitant comme des feuilles lourdes, certaines avec leur bébé tétant, mais, à la moindre alerte, en plein jour, de l'arbre sur la place du village, elles s'envolent, grégaires, comme elles le font dès la tombée de la nuit pour s'en aller se nourrir en brousse, je dis qu'à la moindre alerte, en plein jour, elles s'envolent et répandent leurs cris aigus, débandade des souris ailées, s'en allant, les chauves-souris (nous en trouvons parfois à l'intérieur de nos maisons, suspendues au plafond), mais, rapidement, elles reviennent dans l'arbre, parfois des bébés, décrochés du corps des mères, tombent sur le sol, la mort les y trouve par le bec d'un coq, d'une poule, d'un canard («Voici un canard montant une cane! Regarde son sexe en spirale, oh!»), le soir est venu, coups de pilon, des femmes pilent des morceaux d'igname cuite à l'eau, appel à la prière du muezzin, et elles, les chauves-souris, de l'arbre de la place du village, s'envolent, leurs cris, musique sonore, s'en vont les chauves-souris, en brousse, comme je l'ai déjà dit, se nourrir de fruits et d'insectes, puis, au cœur de la nuit, les chauves-souris reviennent dans le même arbre, leurs cris, musique, aigus, même si nous n'en consommons pas la chair, nous en tuons avec des cailloux, des frondes, il y en a tellement que ce prélèvement gratuit ne les perturbe pas, c'est, de leur part, la petite dîme à payer pour cohabiter avec nous, aujourd'hui, dans mon village, je n'en vois plus, je ne sais pourquoi il n'y en a plus, alors qu'à Lomé, depuis ma chambre d'hôtel, parfois, pas loin de l'océan Atlantique, je les entends, les chauves-souris, nombreuses dans les arbres, tellement nombreuses, les chauves-souris, les mêmes cris, les mêmes envols, les mêmes déploiements d'ailes fines dans le ciel, ailes des chauves-souris telles des feuilles translucides, aux nervures gorgées de sang, parfois, dans mes rêves, elles viennent, les chauves-souris, déployer, au-dessus de mon visage, juste au-dessus de mon visage, un parasol d'ailes et je me réveille avec, sur mon visage, la sensation de fines griffures, pourtant, sur mon visage, ce ne sont pas des griffures de chauves-souris, non, sur mon visage, il s'agit de mes initiales identitaires, mes scarifications, que je promène partout dans le monde, moi devenu, telle une chauve-souris, un être volant, diurne et nocturne, moi, telle une chauve-souris.

*

Au coin du feu, dans la forge du boiteux, je t'attends. Je t'appelle. La vie s'écoule tranquillement, loin de toutes les menaces et de toutes les contraintes, pensé-je. Je t'attends et je te sais déjà prête, avec ton beau plumage blanc. Le feu de la forge du boiteux réchauffe mes désirs. Je t'attends. Et puis, tu n'es jamais revenue, donc je me retrouve veuf, moi, moi qui finirai ma vie dans la marmite, parce que tu n'es jamais revenue là où je t'attendais. Je suis le dernier pigeon du forgeron.

*

Debout sur tes pattes postérieures, xérus, j'admire la beauté de ta queue touffue, j'admire la beauté de ta tête, j'admire tes yeux. Tu as cette silhouette élégante, écureuil de terre, qui n'a rien à envier à celle de l'écureuil des arbres, tu es rapide, et de toi les Tem parlent surtout de la lubricité (le mâle copulerait jusqu'à l'évanouissement), de la morsure qui serait mortelle, mais ce que je sais de toi, c'est d'abord la facilité avec laquelle tu perds un bout de ta patte lorsque tu es pris au piège, tes astuces pour t'échapper, en cas de danger, par des ouvertures dissimulées dans l'herbe, ton appétence pour les cacahuètes et les haricots, ta chair tendre, je me souviens de l'odeur de tes poils au feu, je sais, rat palmiste, que jamais ma mère n'avait consommé ta chair, car tu es l'animal totem des Dikèni, et ma mère était une Dikèni. Comme le lièvre, coureur infatigable capable, alors qu'il est lancé à toute allure, de changer brusquement de direction, tu es un animal qui, aux chiens, échappe en général après qu'ils ont, eux pourtant tout aussi véloces, déployé en vain tant d'énergie, je les vois, haletant, la langue pendante, de la salive coulant en filets glaireux de leur museau, alors que toi, déjà, ailleurs, tu as trouvé un refuge, mais il arrive que, pressé de sauver ta belle peau, tu entres dans le trou d'un rat géant (cricétome des savanes), trou qui, alors, se transforme pour toi en un piège mortel, car, contrairement à toi, le cricétome ne prévoit pas de sorties dérobées, donc, en cherchant refuge dans son trou à lui, non seulement tu te retrouves dans un labyrinthe sans issue, mais, à lui aussi, tu apportes la mort, d'où le proverbe tem « l'écureuil de terre a apporté le malheur au rat géant », car on te tue et on tue le rat géant. Dans tes poils, comme dans ceux du rat géant, beaucoup de puces, mon Dieu, tant de puces, parasites avides de ton sang, comme les tiques, énormes, dans les poils des vaches, des moutons, des chèvres, tiques, énormes, enflures, dans le feu, où brûle ton poil, elles tombent, les puces, une fin cruelle pour celles qui, à tes dépens, avaient vécu (je me souviens des hérons pique-bœufs, blancs oiseaux élégants qui suivent les troupeaux de bœufs qui, les bœufs, saisonnièrement, guidés par les bergers peuls et leurs chiens, passaient par notre village, je me souviens des hérons pique-bœufs, que nous ne tuions pas, dont nous appréciions la beauté, qui débarrassaient les bœufs, les moutons et les chèvres d'une partie des tiques avides de leur sang, je me souviens de ces oiseaux qui, au sol comme en vol, avaient, disait mon père, le charme des jeunes femmes). Dans la sauce, le goût que ta chair laisse...

Un jour, toi rat palmiste, tu me demandas : «Je suis l'animal totem de ta mère, tu le sais, mais pourquoi donc ne m'épargnes-tu pas?» Je te répondis : «Je suis du clan de mon père, Nintchè, et mon animal totem est infiniment plus grand, plus beau, plus puissant que toi, la panthère, qui a déserté ma région natale avant ma venue au monde – écureuils de Boston et de Cambridge, vous me rappelez le rat palmiste, totem de ma mère, mais vous, de personne vous n'avez peur, car de vous personne ne fait son festin là-bas, alors qu'au vu de votre nombre vous auriez pu, dans un restaurant, constituer un menu de choix, comme les écureuils de chez moi –, donc, de mon animal totem, la panthère, je n'ai pas eu à éviter la chair, alors que de toi, totem de ma mère, j'apprécie surtout la tête, les pattes et la queue, succulence. — Tu aurais pu me respecter, m'épargner, je suis le totem de ta mère, Aboubakar. — Kpara, tel est ton nom en tem, je te le répète, seul l'animal totem du clan de mon père est aussi mon totem.»

Et dans ma mémoire, l'odeur du poil du rat palmiste au feu. Dans ma mémoire, le goût de la chair du rat palmiste, dans ma mémoire, ce rongeur d'une telle beauté, ce rongeur totem de ma mère.

*

Histoire racontée par le moineau.
Un écureuil sur une branche.
Un serpent sur la même branche.
« Fuis, écureuil, car j'ai faim.
— Serpent, si tu as faim, je suis ta solution. »
— De quoi souffres-tu pour préférer la mort à la vie ?
— Serpent, tu dis avoir faim, mais tu perds ton temps à siffler des mots au lieu de m'attraper pour m'avaler, hein ? Comme tu es bête ! »
Piqué au vif, le serpent dirige vivement sa tête vers l'écureuil.
L'écureuil, rapide, esquive le coup et se met à sauter dans les branches pour narguer le serpent. Il s'immobilise sur la partie nue d'une branche et dit :
« Serpent, tu me prenais pour une proie facile, hein ?
— Petit malin, réplique le serpent, ne t'avais-je pas dit moi-même de t'enfuir ? Je préfère les oisillons qui... »
En une fraction de seconde, la scène se joue : un rapace fond sur le serpent, l'arrache à la branche et l'emporte pour nourrir ses oisillons.
« Serpents, dit le moineau, méfiez-vous de la ruse de l'écureuil. Ce rongeur est capable de vaincre par sa ruse. Vous avez vu comme il a attiré un des vôtres sur une partie nue de la branche pour l'exposer au danger ? Ainsi a-t-il réussi à se débarrasser d'un redoutable prédateur qu'il a mis par la même occasion au menu des oisillons, lui le serpent qui, des oisillons, faisait d'habitude sa pitance. »

*

« La vie comme un œuf, dans ce coin du monde, un œuf avec une petite ouverture par où le feu sacré envoie sa chaleur pour maintenir en éveil nos désirs, la vie comme un œuf qui contient, dans ce coin du monde où nous nous trouvons maintenant toi et moi, le feu sacré de nos désirs, loin des meuglements de nos frères, sœurs et enfants. Entends-tu les trilles de l'oiseau dans l'arbre ? Les notes de sa musique pénètrent au cœur du temple de notre esprit, notre corps donc, pour nous dire qu'est venu l'instant de nous unir. Tu le sais, tu l'as toujours su, que le chemin, avec tous ses détours, mènera forcément à ce coin du feu où toi et moi jouirons de la beauté du jour en attendant le calme de la nuit aux yeux d'étoiles et de lune.

— Bon, taureau poète cornu, dit une voix, est venu pour moi, en accord avec le berger, le temps de te conduire chez le boucher. Tes vers s'imprimeront, taureau, au fond de la marmite sur le feu. Quant à toi, madame la vache, tu peux retourner auprès du troupeau sur lequel la lune veillera la nuit venue. Bientôt gravide, il te faudra composer encore quelques chansons pour, quand tu vêleras, apprendre à tes veaux à mettre sur la réalité qui les attend la douceur de ton lait, celle de l'herbe et des feuilles fraîches. Tu leur apprendras ta propre langue, beuh ! beuh ! beuh ! ta langue qui s'enroule autour de l'herbe. Mais prends sur toi pour ne pas leur faire humer, émanant de la cuisine, cette odeur appétissante pour les humains, pour les chiens, pour..., car il sera de ton devoir d'éviter à tes petits une confrontation précoce avec l'angoisse de la mort. Ils doivent plutôt, comme toi quand tu avais leur âge, connaître l'insouciance et la joie, grandir dans l'illusion que le berger est leur ami, leur protecteur, celui qui leur veut du bien, le berger qui, quand ils tètent, les arrache au pis de leur mère, toi. Traire la vache et en vendre le lait, l'utiliser pour fabriquer du fromage. Bien sûr, il en restera suffisamment pour eux, oui, il en restera suffisamment pour eux, mais, c'est une première vérité, le fait qu'on les arrache au pis de leur mère, toi, pour recueillir dans un seau du lait que les humains consommeront, lait qui gicle, attirant des mouches, lait qui gicle, dont raffolent les mouches, c'est une première vérité dont ils ne devraient pas saisir la signification avant un certain âge, car il est dans leur intérêt de grandir avec l'illusion que le berger leur veut du bien. Qu'ils jouent, oui, qu'ils jouent, la vie des veaux est belle, qu'ils jouent, belle, la vie des veaux, et grandissent avec l'illusion que le berger leur veut du bien! Ainsi, une fois adultes, ils oublieraient, envers le berger, la puissance de leurs cornes et, sur le chemin de la boucherie, garderaient en mémoire l'odeur de l'herbe fraîche, le goût du lait de leur enfance!»

*

Le moineau a dit: «La poésie du taureau s'échappe en flots de son cou blessé par le boucher, et je m'en vais, moi, à la boucherie en picorer quelques vers succulents dans les déchets. Demain, de ma fiente, s'échappera le parfum de l'herbe que je n'ai pas consommée moi-même, et au boucher je dirai, en prenant soin de me placer loin de sa main habile, merci, alors que la vache, là-bas, pleure son mari défunt, la vache qui porte en elle, dans les secrets de son corps, l'avenir du troupeau, le cycle monotone de l'existence des bovins.»

*

Le moineau a dit : «Je ne suis pas né au matin du monde. Je ne verrai pas la nuit du monde. La terre qui me porte n'est pas l'initiale du Mystère. Le serpent qui a tenté de m'attraper s'est cru, lui, au centre du jour et de la nuit, mais, dans le ventre de l'autre serpent qui, si près de moi, l'a avalé, je ne sais s'il verra encore les étoiles. Moi qui ai échappé au serpent, je me suis envolé avec l'image d'un serpent avalé par un autre serpent. J'ai pensé à tous les serpents, au même moment, dans des nids d'oiseaux où des œufs, des oisillons, sans défense, s'en iront dans l'ombre d'un long ventre. Mais je me suis enrichi d'une nouvelle vérité, celle de tous les serpents avalés par d'autres serpents. Cette vérité ne chassa cependant pas de ma tête les images de serpents faisant l'amour.»

*

Dans tant de villes où j'ai mis les pieds, j'ai vu des pigeons. Là où je vis aujourd'hui, à Bobigny, ville de la banlieue parisienne, je vois des pigeons, plusieurs pigeons (le vieil Arabe presque sourd, l'âge lui ayant déjà pris l'essentiel de ses sens, marchant à si petits pas, pas lents qui le conduisent cependant avec une grande vitesse vers sa mort, le vieil Arabe les nourrit de pain, ils arrivent si nombreux chaque fois qu'il apparaît, les pigeons qui, parfois, sont rejoints par des mouettes arrivées du canal de l'Ourcq), mais, rarement, j'ai vu, parmi ces nombreux pigeons, celui qui, dans ma mémoire, vous aurait remis en vie, car rarement, parmi ces nombreux pigeons, il y avait un seul blanc, aussi blanc que vous, vous pigeons, tout blancs, qui aviez accompagné mon aventure humaine depuis l'école primaire jusqu'à l'université, puisque, Alfa Isifou, l'érudit musulman, ami de mon père, sollicité, dès mon entrée à l'école, par mon père pour favoriser ma réussite aux examens, m'en faisait manger un, tout blanc, avant chaque examen, surtout avant chaque examen de fin d'année. Un pigeon blanc qu'il égorgeait lui-même, dont il faisait cuire la chair dans une petite marmite de terre sur du charbon ardent dans un fourneau, les ingrédients pour cette petite cuisine étaient : un peu d'eau dont il s'était servi pour laver la planchette sur laquelle il avait écrit quelques versets du Coran, un peu de piment et une poudre noire à base de racines et de feuilles d'arbre calcinées. Je devais, devant lui, consommer toute la chair du pigeon, boire la soupe noire dans laquelle elle avait cuit, avant qu'il ne me fît, sur le dos des mains, sur les pieds et sur le front quelques incisions avec une lame de rasoir toute neuve, petites incisions d'où coulait un peu de sang, qu'il recouvrait d'une fine couche de poudre noire. Un pigeon blanc, oui, parce que l'école où je devais me fabriquer un destin était une institution apportée par les Blancs et aussi parce que, pour les sacrifices et pour d'autres pratiques occultes, le blanc était la couleur symbolisant la face lumineuse de la chance. Un pigeon, parce que réussir, c'était comme prendre son envol, battre des ailes et aller loin, loin, loin, et le pigeon est cet oiseau qui, au loin, peut aller. Quelques versets du Coran parce que, chez nous les Tem, l'islam avait précédé la colonisation allemande, puis française, l'écriture en arabe avait précédé celle en allemand puis en français, et aussi parce que l'islam était, est toujours, la religion de notre communauté. À l'école, avec mes résultats considérés comme brillants (le meilleur de ma classe chaque fois), je me convainquais qu'il était de mon destin de voler un jour comme les pigeons blancs qui coulaient dans mes veines. Et dans mes rêves, il m'arrivait de voler, douce expérience, métamorphosé en un pigeon blanc.

Je me souviens des paroles d'Alfa Isifou de Tchavadi, le jour où je lui avais annoncé qu'après ma brève expérience de professeur de philosophie au lycée, je partais à Paris, grâce à une bourse du gouvernement togolais, pour poursuivre mes études (étudiant boursier, je faisais partie de celles et de ceux qui voyageaient à bord de l'avion personnel du général président Eyadéma Gnassingbé, avion qui venait à Paris pour ramener au pays les étudiants togolais ayant droit à des vacances chez eux tous les deux ans – il venait aussi, lui-même, le général Eyadéma Gnassingbé, à Paris, avec une certaine régularité, pour distribuer de l'argent, cinq cents francs français chaque fois et par personne, aux Togolais, étudiants ou pas, venus de toutes les régions de France et d'autres pays européens, dont il achetait la conscience et qu'il conservait ainsi dans le giron du parti unique), je me souviens, disais-je, des paroles d'Alfa Isifou de Tchavadi, le jour où je lui avais annoncé qu'après ma brève expérience de professeur de philosophie au lycée, je partais à Paris, grâce à une bourse du gouvernement togolais, pour poursuivre mes études, je me souviens qu'il m'avait alors dit : « Comme les pigeons blancs dont je t'ai fait consommer la chair, tu iras loin. Comme chaque pigeon blanc que je t'ai fait manger, tu seras remarqué au sein des foules. Mais, Aboubakar, fils de mon ami Salifou Métchéri, c'est parce qu'il est remarquable et remarqué que le pigeon blanc devient l'oiseau désigné pour les sacrifices. Donc, ne l'oublie pas, toute ascension attire l'attention, suscite des convoitises, est une exposition à des risques. Comment te préserver des risques surtout, Aboubakar ? En sachant rester humble, car si, battant des ailes là-haut, tu te prenais pour le roi de la terre sous toi, le maître des arbres que tu survoles, alors, de la terre, un caillou pourrait partir et frapper ta tête. Or, quelque fulgurante que puisse être ton ascension, elle ne rendrait pas ta tête plus dure, plus forte, qu'un caillou bien ajusté. Va, Aboubakar, vole, Aboubakar, mais, pas plus que ne l'est le pigeon blanc, tu ne seras le maître ni du ciel ni de la terre. Et, Aboubakar, n'oublie pas que nos ailes, un jour, cesseront de nous porter pour que la terre, en son sein, nous accueille et nous digère. Va. »

Pigeon, oui, mais je sais, je le sais, dans le ciel, il y a le canard, la pintade, le vautour, l'aigle, oui, l'aigle royal, tant d'autres oiseaux qui, sur bien des plans, me ramèneraient à ma dérisoire envergure, et sur la terre, je le sais, le chat et d'autres prédateurs, sur moi, bondissent, mes plumes qui s'envolent, mon corps qui se dénude, des dents dans ma chair. Non, je ne suis le maître ni de la terre ni du ciel, mais juste un oiseau remarqué, dont le roucoulement n'a pas la mélodie du chant du canari, petit oiseau jaune qui, de sa gorge, fait sortir des notes si belles, pour lesquelles il vit souvent en cage. Je ne suis ni de la terre ni du ciel le maître des ailes et de la voix. Mon aile blessée, ma patte blessée, proie à la portée du chat, du serpent, de l'aigle, du vautour... Pigeon, je vois, dans le ciel, le pélican, que les Tem disent chargé d'un énorme colis au cou, pélican, colis dont le poids le déséquilibre dans son vol et l'attire vers le sol, mais qui, le pélican, bien que son colis l'attire vers la terre, ne dévie pas de son itinéraire, avec son bec majestueux, pélican, je vois, pigeon blanc, tant d'êtres volants assez remarquables, face auxquels je me ferais petit, humble, oui, humble, l'épervier, et ma sœur, ma sœur la tourterelle, ma sœur, ma sœur la colombe...

Et puis, je les vois, les hérons blancs, les hérons pique-bœufs, nombreux, blancs, beaux, sur le dos d'une génisse blanche, j'en ai vu un, héron, tout blanc, formant, le héron blanc et la blanche génisse, comme un couple atypique paradoxalement assorti. Je perçois les stridulations des petits grillons et des cigales, la nature, à mes oreilles, fait parvenir ses bruissements, ses crissements, j'emmagasine tout dans ma tête. Des poules, des coqs, des pintades, des dindons blancs, oui, je sais, mais, pigeon, je suis moi aussi, à moi seul, un monde, je suis le monde, pas le maître du monde. Je me souviens de ce coq blanc belliqueux, le coq du forgeron, ce coq qui corrigeait jusqu'au sang tous les jeunes coqs convoitant les nombreuses poules dont il s'était déjà assuré l'exclusivité, je revois ses ergots, son énorme crête, son agilité au combat et son chant victorieux, fanfaron. Que suis-je devant un tel oiseau, agressif et concupiscent? Je me souviens de cet énorme dindon blanc, un énorme mâle dont la caroncule, rouge, m'impressionnait, qui, cet énorme oiseau, le blanc mâle dindon, pour séduire la femelle, si petite par rapport à lui, déployait ses ailes en un geste de vanité, alors que, oui, pas si loin, un canard blanc montait une cane, et je me souviens d'avoir vu le sexe en spirale du canard blanc, impressionnant sexe. Je me souviens de cette pintade blanche mâle qui semblait insatiable avec les femelles. Moi, pigeon, je suis fidèle, une femelle pour la vie, mais je les observe, ces autres oiseaux de la basse-cour, énormes par rapport à moi et lubriques.

Que suis-je comparé à eux? Mon ascension, oui, mon ascension, mais je ne volerai pas jusqu'à la lune, je ne nicherai pas dans la Voie lactée, tout est relatif en ce bas monde. Cependant, c'est une ascension, je le reconnais, pigeon blanc, donc, oui, je m'en vais, je vole avec dans ma mémoire l'un de mes repas, la chenille qu'une guêpe avait, après une piqûre, anesthésiée pour pondre en elle ses œufs afin que, plus tard, vivante mais inerte, elle serve de repas frais aux larves, avant que celles-ci, les larves de la guêpe, au bout d'un moment de leur développement, ne se retrouvent, les larves, dans des cocons où, de corps sans ailes et fragiles, les larves, elles deviendront ces insectes volants, des guêpes, sachant se défendre avec leur dard. Ce jour-là, je me suis emparé donc de la chenille et des œufs de la guêpe dans la chenille, je m'en suis régalé, puis je me suis envolé, pigeon blanc, larguant une fiente molle, en ayant en moi, dans ma mémoire et dans mon corps de pigeon tout un monde, tout mon monde.

*

Poules, canes, pintades, dindes..., vous ignorez sans doute que nous les pigeons nous sommes des oiseaux allaitants :
« Les columbiformes, mâles et femelles, durant la période d'incubation, développent deux petits appendices arrondis qui sécréteront durant quelques jours une matière caséeuse appelée lait de jabot pour nourrir les oisillons, une fois ceux-ci sortis de l'œuf. Les pigeonneaux sont nourris exclusivement au lait durant les trois premiers jours après leur éclosion par le mâle et la femelle. Par la suite, ils sont nourris d'un mélange de lait et de graines et sont sevrés du lait après environ dix-huit jours. Ils obtiennent leur nourriture par régurgitation en enfonçant leur bec dans la gorge des adultes. Le lait de pigeon, très nutritif, est à l'origine de la croissance rapide des pigeonneaux. Durant les deux premiers jours, ceux-ci doublent de poids. Cette adaptation est probablement un des facteurs qui expliquent le succès des columbidés qu'on retrouve dans presque toutes les parties du monde. »
Ben oui, vous fabriquez un lait nourrissant, très nourrissant, ce que moi aussi, moi, Aboubakar qui vous mangeais, j'ignorais quand je vivais au village. Je le découvris

donc plus tard à partir de mon désir de comprendre mieux, grâce aux films documentaires et aux livres, les mœurs des animaux qui avaient peuplé mon enfance, et comme mon destin leur était associé. C'est ainsi que, sur le site de *Sciences et Avenir*, je lus un article de Joël Ignasse qui me permit de comprendre que «le lait de jabot, produit par les deux parents, est une substance résultant du développement des cellules épithéliales tapissant le jabot de certaines espèces d'oiseaux, dont les flamants, les manchots ou les pigeons. Une recherche publiée dans *BMC Genomics* montre qu'il contient des antioxydants et stimule les protéines du système immunitaire. Pour le déterminer, les chercheurs de l'Université de Deakin, en Australie, ont comparé les profils d'expression génique de quatre femelles "allaitantes" et de quatre autres témoins. Les gènes surexprimés chez les oiseaux "allaitants" étaient associés à la production d'antioxydants, à la réponse immunitaire et à la production de triglycérides, les lipides contenus dans le "lait". Ces constituants permettent de renforcer la santé des pigeonneaux. "Ce mécanisme est un exemple intéressant de l'évolution d'un système analogue à la lactation chez les mammifères, le 'lait' de pigeon remplissant une fonction similaire au lait des mammifères", conclut Meagan Gillespie, principale auteure de l'étude.»

Je dis, moi pigeon, que, sans être le maître du monde, je suis tout un monde, et ce monde, qui circule dans ton sang, Aboubakar, n'a pas encore fini de te révéler ses mystères. Donc, pigeons voyageurs, toi et moi, envolons-nous, explorons le monde entre ciel et terre, en prenant garde à ne pas nous laisser enivrer par le vent.

*

Je me souviens des caméléons dans nos orangers, dans nos manguiers, dans nos citronniers, dans nos goyaviers..., derrière la forge. À une période de l'année, ils semblaient répondre à un appel, à une impérieuse invitation programmée dans leurs gènes, et nous assistions aux combats entre les mâles, nous nous amusions de leur capacité à changer aussi facilement de couleur (je croyais alors que le caméléon était le seul animal connu des humains à réaliser ces variations chromatiques aussi rapides, je n'avais pas encore découvert les prouesses, en la matière, de la seiche, du poulpe, d'autres animaux terrestres ou marins que les documentaires télévisés introduisirent plus tard dans ma mémoire), nous étions impressionnés par leur langue si longue qu'ils projetaient comme une flèche pour capter leurs proies.

Aujourd'hui, je ne sais s'il y en a toujours autant, s'il y en a encore, des caméléons, au village, car je n'en ai plus vu un seul lors de mes brefs séjours chez moi. Cependant, un caméléon ne me quittera jamais, ce caméléon devenu, par sa mort, immortel au cœur de ma vision du monde. Je vais te raconter cette histoire, moineau! Un de nos orangers avait été colonisé par des chenilles noires. Pour les détruire, nous avons fait au pied de l'oranger un énorme tas de feuilles mortes, de tiges de maïs et de mil, de paille, de vieux paniers, et nous y avons mis le feu... Les flammes sont montées rapidement à l'assaut des branches de l'oranger. Les chenilles qui s'y trouvaient n'ont pas résisté au feu.

Soudain, sur l'une des branches de l'oranger en flammes, je remarquai un caméléon qui tentait d'échapper à la mort. Nous aurions pu alors l'aider, mais nous ne l'aidâmes pas, nous aurions pu lui tendre une perche, mais nous ne lui tendîmes pas de perche. Au contraire, nous étions amusés par ses vaines tentatives pour échapper au feu. Aujourd'hui, alors que des décennies se sont déjà écoulées, je me souviens toujours de cet instant précis où le caméléon avait fait un saut dans le vide pour tomber directement dans les flammes, sous nos applaudissements et nos rires.

*

Le moineau a dit : « Quand le forgeron trempe le fer chaud dans l'eau, que le fer se refroidit en cédant sa chaleur à l'eau, donc que l'eau qui a servi à refroidir le fer devient à son tour chaude, alors, meurent les larves de moustique qu'elle abritait, qui croyaient y avoir trouvé un tranquille royaume où se développer, grandir et entamer leur existence brève, mais quand le feu chauffe l'eau, si certains êtres en meurent, une température idéale se crée aussi pour favoriser des naissances silencieuses, des éclosions invisibles. Quand le feu et l'eau se marient, il y a la mort, il y a la vie, les deux déployant alors leurs ailes, dans des directions diverses. »

*

Ton odorat, tout entier contenu dans ta langue bifide, te permet de capter dans l'air cette fragrance particulière, celle de la fleur génitale qui t'attire irrésistiblement vers les femmes, surtout vers les plus jeunes, lorsqu'elles lavent le linge ou se baignent dans la rivière. Il est difficile de savoir de quel endroit exactement tu surgis, mais tu surgis toujours lorsqu'une femme s'attarde dans la rivière. Cette apparition, la tienne, provoque chez celle qui découvre pour la première fois tes mœurs une telle panique, mais tu parviens, avec une aisance que je t'envierai toujours, à la rassurer, alors que la façon dont tu t'y prends aurait pu la convaincre définitivement, à tort, qu'elle est en danger. Non, tu réussis à la calmer en t'enroulant délicatement autour de l'une de ses jambes, et ondules, en remontant sa jambe, vers sa fleur génitale qui se dissimule sous son pagne. Elle finit par se souvenir de ta réputation, ou la découvre, réputation à laquelle tu dois ton nom, alémouzouro, l'« amuseur des femmes » (le séducteur des femmes), et se met à rire, à rire, comme si, avant même d'aborder son territoire secret (elle ne te laisse pas y arriver, non), tu la chatouillais déjà le plus intimement, elle rit, elle rit encore, puis, soudain, pour te signifier que le jeu doit prendre fin, elle frappe fort du pied sur le sol, t'obligeant alors à te décoller de sa jambe et, aussi rapidement que tu as surgi auprès d'elle, tu disparais pour quelques instants.

En général, obsédé par sa fleur, tu reviens, sauf si, oui, car tu tiens à ta peau, sauf si, entre-temps, un homme est arrivé sur les lieux. En effet, les hommes, sans doute jaloux des relations privilégiées que tu entretiens avec les femmes, leurs épouses, leurs filles, leur mère..., comme pour effacer ou réduire au minimum la concurrence entre vous, tout en te sachant inoffensif, non venimeux, tout en sachant que jamais tu ne tenterais de mordre personne, te réduisent au silence et te coupent la tête. Ils ont trouvé pour cela un bon prétexte : t'utiliser, ta tête ou ta peau ou ton corps tout entier, pour des philtres d'amour. Un philtre auquel tu as servi d'ingrédient principal, aux mains d'une épouse dans un foyer polygame, provoquerait chez son mari les comportements que tu as, toi, envers toutes les femmes : il percevrait partout son odeur, il la percevrait, singulière au milieu de mille autres, et, comme toi, tournerait autour d'elle, obsédé par sa fleur dissimulée sous son pagne. Les coépouses, dans l'attente de son attention, à moins de recourir à des philtres au moins aussi puissants, par exemple à base de leurs ongles pour que leur mari leur colle à la peau comme l'ongle au doigt, ou de procéder par la magie de souillure en faisant consommer à leur mari un repas dont un des ingrédients est leur propre sang menstruel, à moins d'entrer dans la concurrence avec les mêmes armes que la femme bénéficiant de tes pouvoirs, se retrouvent tenues éloignées du désir du mari.

Le même philtre au service d'un homme confère à celui-ci le pouvoir que tu as, toi, d'approcher les femmes, de remonter le long de leur jambe vers leur fleur, sans les effaroucher. Je me souviens de la première amulette que m'avait offerte le Peul Fousséni Worogo de Kpaza Woro, l'ami de mon père, une amulette dont ta peau à toi petite couleuvre des rivières constituait la pochette et qui était censée faire de moi, au bord de la rivière, de n'importe quelle rivière, l'homme qui attirerait les femmes.

*

Le moineau a dit : « J'ai perçu l'odeur du bouc, j'ai vu le bouc derrière une chèvre, j'ai vu le bouc avec sa longue barbiche et ses énormes cornes. J'ai vu le bouc poursuivre une chèvre, j'ai vu la chèvre se baisser pour donner, par son urine, la preuve de son état, et le bouc, un peu d'urine de la chèvre sur sa lèvre supérieure, exhiber ses dents, puis, saillie bruyante. Ce jour-là, et les villageois ne soupçonnent pas combien de secrets je garde dans ma petite tête de moineau, ils l'ignorent, ce jour-là, m'en allant en brousse en quête de ma pitance, je l'ai vue sous un arbre, cette femme, le pagne retroussé, je l'ai vue, cette femme, et j'ai vu l'homme, il a descendu son pantalon, je l'ai vu, l'homme, puis je les ai vus, l'homme et la femme, s'unir, puis, avec sa hache, la femme a coupé du bois, alors que l'homme s'en est allé grimper à un palmier, ils venaient de jouir, l'épouse dont je connaissais le mari et l'homme dont je connaissais les épouses, ils venaient, sous l'arbre dans la brousse, de jouir de leur amour secret.

Si j'avais voulu mettre le feu aux fragiles harmonies dans le village, j'aurais rapporté ce que j'avais vu, mais qui aurait pris au sérieux le pépiement d'un moineau ? Personne n'aurait donné foi à mes pépiements. L'homme, lui, je l'ai ensuite sauvé, car, en haut dans le palmier, en train de couper un régime de noix de palme toutes rouges, heureux, il n'avait pas vu un petit serpent vert, dont la morsure aurait pu provoquer chez lui un geste de panique, et en tombant du haut du palmier, il aurait trouvé la mort ou se serait cassé un membre au moins, mais j'avais volé près du serpent pour attirer l'attention de l'homme qui, quelques instants plus tôt, avait retroussé, sous un arbre, le pagne de la femme de son grand frère, secret que je garderai toujours dans ma petite tête de moineau. Il descendit précipitamment de l'arbre, sa vie sauve.

Un jour, peut-être me tuera-t-il avec un caillou, mais il ne saura jamais ce qu'il me doit, moi qui, à ses yeux, ne compte pas, qu'il tuerait juste pour le plaisir de tuer, pas pour ma chair, même s'il en est friand, mais surtout pour le plaisir de tuer. Il ne saura jamais que moi aussi, moi moineau, je m'inscris dans une fraternité si vaste où je lui ai déjà été utile en le sauvant de la morsure d'un vert serpent au venin mortel, il ne le saura jamais, et dans son esprit, un moineau, ce n'est qu'un tout petit oiseau, rien d'autre qu'un tout petit oiseau. »

*

Votre élégance est sans doute à l'origine de cette légende. Mais, non, ce n'est pas une légende, plutôt un pan du réel. Vous êtes des princesses au cœur de ce monde des métamorphoses, où les animaux et les humains se volent mutuellement les formes. On vous voit par jour de fête, de baptême, de mariage, de grandes funérailles, mais surtout de marché. Vous êtes reconnaissables parmi mille femmes, vous avec votre grande taille, vos traits et votre nez particulièrement fins. Vous êtes en général de teint clair, vous avez toujours un port de tête qui vous donne un air hautain et explique la fascination que vous exercez sur les hommes, vous dont on ne sait la localité d'origine, qui parlez pourtant notre langue. Vos pieds noirs de henné, vos cils et vos paupières maquillés de khôl, les perles qu'on devine à vos hanches, tout chez vous suscite le désir. En vous, les épouses voient de redoutables rivales, des ensorceleuses qui semblent arrivées là pour conquérir. Même les petits garçons posent sur vous des regards où se lisent des intentions d'adultes.

Cependant, derrière cette élégance, cette beauté, les chiens devinent une vérité qui échappe au commun des mortels et vous suivent en aboyant pour attirer l'attention sur votre véritable nature. Alors, vous sachant démasquées par ces animaux qui voient l'ombre de la lumière et la lumière de l'ombre, vous déguerpissez. Mais il arrive aussi qu'avant que vous n'ayez pu vous sauver, le féticheur, dont les yeux secrets percent tous les mystères, prononce quelques paroles et lance dans votre direction un œuf de poule. Aussitôt après que l'œuf s'est cassé en retombant sur le sol, vous, fascinantes beautés, chassées de votre mystère, vous reprenez votre véritable forme : vous êtes des antilopes.

Les chiens se lancent à votre poursuite mais jamais ne vous rattrapent. Et l'on finit par savoir que vous avez laissé votre peau d'antilope dans une vieille termitière, et que, après avoir échappé aux chiens, vous l'y reprendrez pour redevenir ce que vous êtes, des antilopes, que l'on peut croiser en train de paître, que des chasseurs tuent.

À travers le monde, j'ai rencontré des femmes-antilopes, reines des métamorphoses. Sur une île, au bord de la mer, sur une plage bondée, j'ai usé de mon troisième œil pour repérer une antilope qui se baignait au milieu des femmes. Je la reconnus derrière sa métamorphose grâce à ce port de tête altier, et j'arrachai à l'air un œuf de poule. Je m'approchai de la femme-antilope. Au lieu de casser l'œuf, je me contentai de le lui montrer. Grande, avec ses larges hanches ondulantes, elle sortit de l'eau et se mit à danser, à danser, à danser, jusqu'à ce que de sa peau eussent commencé à jaillir des étincelles qui me rappelèrent la forge de mon enfance. Je compris que c'était mon destin qui, ainsi, me faisait des signes. Je lui dis, à la femme-antilope : « Je t'attendais. » Un papillon blanc vint se poser sur son front. Je sus alors qu'elle et moi allions nous envoler vers le monde de nos propres rêves.

*

Je me souviens de toi, malade. Sein enflé. Mais, toujours, de ce sein malade, l'enfant continue de tirer du lait, de cette femme au sein malade, toi, je garde le souvenir de l'odeur humaine, nous nous sommes regardés, toi et moi, et le bébé, lui, de ce sein malade, de ton sein, continue de tirer du lait. J'ai voulu lui dire, te dire, à toi la femme malade, que je te protégerai, que jamais je ne t'abandonnerai à ton sein enflé, mais le village, préparé à la certitude de la perte de cette femme malade, toi, dont le sein enflé offrait toujours du lait à l'enfant, le village donc, conservait une mine sereine. Cependant il faut être d'ici, de cette terre, de mon village, pour comprendre que les larmes sont déjà mûres dans les cœurs et que bientôt les yeux ouvriront leurs vannes, les pleurs se conjugueront en une sorte d'élégie collective. Le cimetière, lui, recevra encore un corps dont il assumera l'achèvement du destin.

Je t'ai regardée, toi qui me portes tout entier en toi. Je t'ai dit : «Va!» Moi-même, je me sais vieux et j'aurais dû, en même temps que tu t'en allais, préparer mon propre lit, le repos étant la récompense du vivant qui a poursuivi ses mille et un chemins en étant comme la lune, donc avec sa face lumineuse et sa face cachée.

Le moineau a dit : «Le phasme se confond par sa forme et par sa couleur à la petite branche ou à la feuille qu'il habite, immobile, pour échapper à ses prédateurs. Mais le prédateur universel des vies n'est dupé par aucun camouflage. Femme au sein enflé, toi qui t'en vas de ce village, toi, morte, moi moineau, je te dis : adieu. Et si dans ta maison tu as laissé quelques graines, je m'y poserai pour picorer à ton souvenir. Femme morte de ton sein, je t'ai accompagnée au cimetière, pépiant ma douleur comme les tiens pleuraient ta perte. Je t'ai accompagnée au cimetière, ton corps enseveli dans un linceul blanc. Je t'ai accompagnée au cimetière où, dans la tombe, les hommes t'ont descendue pour aussitôt te recouvrir de terre. Femme morte de ton sein, j'ai pensé à ce que tu ne devais plus tarder à devenir : des os déshabillés de ta chair et de ta peau. Femme morte de ton sein, si j'en avais eu le pouvoir, moi moineau, je t'aurais habillée avec mes plumes et ordonné de te lever de ta tombe pour t'envoler avec moi vers le Ciel. Mais, je n'ai pas ce pouvoir-là. Donc, femme morte de ton sein, dors, c'est fini, dors ! »

*

Cette mère s'en est allée, décédée, l'enfant a grandi, elle est devenue une fille assez jolie. La voici, l'orpheline, elle a faim et regarde sa marâtre manger gloutonnement. Celle-ci, au bout d'un moment, s'arrête de manger et lui dit :
« Jamais ne descendra dans ton ventre ce qui est dans la bouche d'un autre.
Jamais, de ce que je mâche, moi, tu ne te nourriras.
Et jamais, avec les yeux, tu n'arracheras à un autre, surtout pas à moi, la nourriture qui t'est refusée, ahaaaa ! »
L'orpheline, calmement, lui répond :
« La chienne mâche et régurgite pour nourrir son chiot.
De son bec, l'oiseau-mère envoie la nourriture dans le bec de son oisillon.
Marâtre, tu es méchante, certes, mais, de la vie, il te reste l'essentiel à apprendre. »
La marâtre, furieuse, se lève, et, pensant se jeter à bras raccourcis sur l'orpheline, tombe dans un feu affamé.
Le moineau a dit :
« Regardez partir en fumée le mauvais cœur.

La mort, en sa bonté, accueille même celles et ceux qui ne la méritent pas, sinon elle n'aurait pas consumé cette femme qui avait fait d'une orpheline son esclave. »

*

Je ne sais qui a blessé l'arbre où nichaient tant d'oiseaux, je ne sais qui a blessé cet arbre, le ficus de mon père, je l'ai entendu, l'arbre, le ficus de mon père, pleurer, et je l'ai vu, l'arbre, le ficus de mon père, saigner, je ne sais qui, avec sa hache ou sa machette, l'a blessé, et je l'entends qui gémit, je me demande ce que ressentent ses racines, ce qu'endurent ses feuilles, je sais en revanche que les oiseaux dont il porte les nids comme des fruits morts ont, eux, leurs propres soucis de vivants, comme lui, et ne l'entendent pas gémir, l'arbre de mon père accusé d'être la demeure des serpents invisibles de mon père.

Demain dès l'aube, j'irai embrasser son tronc et je lui offrirai quelques gouttes de mon sang. Je lui énumérerai les blessures capitales sans lesquelles le vivant ne serait plus le vivant. Il me comprendra sans doute, le ficus de mon père, ensuite, je m'en irai, solitaire, sur mes mille voies, en quête de ma propre Ombre. Où je finirai, sera écrit :

« Rien qu'une goutte de ta sève pour que je devienne source pérenne où se désaltéreront nos communes racines. »

*

Serpent, hé, serpent, n'as-tu pas laissé tes serpenteaux derrière toi ? La souris que tu poursuis pour eux t'échapperait, mais, d'eux, un oiseau est en train de s'approcher, avec, dans le bec, la fureur de manger. Chasser ou retourner protéger tes petits, pour qui, cependant, il te faut chasser ? Souris, hé, souris, laisse-toi tuer, car de toi, de ta mort, dépendrait le destin des serpenteaux, qui, d'autres souris, peut-être de tes propres petits ou de toi-même, feront plus tard leur festin. « Oh ! a dit la mort. Je ne suis pas la méchante comme vous le croyez, non, je ne suis que la panse de la vie, là où elle envoie et digère tout ce qu'elle-même a engendré, je ne suis que le ventre de la vie, là où elle envoie et fabrique l'instant et l'avenir, je ne suis que le docile serviteur de la vie. »

Le moineau a dit : « Vous qui tant aimez la vie, aimez aussi la mort. Car, en vérité, la mort est la fleur de la vie. »

*

Le moineau a dit : « Au détour de chaque destin, il y aura l'Ombre. Je suis venu te le rappeler, gazelle, toi qui, de tes sauts élégants, sembles défier la mort. » Le moineau a dit : « Le vautour attiré par l'odeur de la charogne salue la mort qui chasse pour lui. Mais il n'oublie pas qu'un jour lui, charognard, deviendra à son tour charogne, pour le bonheur de ses propres congénères. »

*

Le moineau a dit : « Si la terre penche, ce sera dans le vide, mais la terre est déjà dans le vide, solidement tenue en équilibre cependant par les bras du Mystère. Un jour, pris de fringale, le soleil, de la terre, fera une bouchée. Araignée, peut-être alors, toi et moi, tous les autres aussi, deviendrons l'Absence définitive, intégrale, et ici, sur la terre, à la place de tous les théâtres, il y aura le désert. Je ne sais quels êtres, ni de quel coin de l'univers, regarderaient alors la terre nue, comme nous regardons aujourd'hui la lune. »

*

La terre est aussi le domaine des murmures. Une guenon murmure. Elle est triste. Le moineau a dit : « Guenon, pourquoi murmures-tu, toi qui es si triste ? Ah, ton bébé est mort ? Hélas, le Ciel n'entend pas les hurlements de douleur, et les murmures ne touchent pas même les oreilles de l'arbre où tu te trouves. Où sont partis les autres membres de ton groupe ? Ah, tu es blessée à une de tes pattes postérieures ? Ah, tu as lutté contre le chien qui a tué ton petit ? Alors, guenon, murmure, au lieu de pleurer, car tes larmes ne serviraient à rien. Mais si tu devais fermer les yeux avant la nuit, alors, je serais là pour te chanter une berceuse, car mourir, c'est dormir. »

*

Le moineau a dit : « L'épervier a cousu les yeux de son cœur pour ne pas avoir à pleurer de compassion les malheurs des oiseaux-mères dont il tue par nécessité les petits. Mais, au fond de tout cœur cousu, il demeure une lumière qui cherche à transpercer la nuit. »

J'ai dit au moineau : « Le cœur est dur par méchanceté, le cœur est dur par nécessité, le cœur est dur par cécité, mais le cœur est toujours le petit château de tous les sentiments, qui s'allument ou s'éteignent à leur rythme, qui se combattent parfois, se contredisent souvent, mais, toujours, se complètent, car l'amer a besoin du sucré pour être l'amer, le sucré de l'amer pour être sucré. » J'ai dit au moineau : « Dans ton cœur, il fait nuit et jour à la fois. »

Le moineau a dit : « Aboubakar, c'est parce que notre cœur se ferme à la douleur des autres que la cruauté, par nécessité ou gratuite, est aussi répandue au sein de tous les règnes. »

J'ai regardé le moineau s'en aller ensuite, porté par le vent et par ses ailes. J'ai écrit dans mon carnet : « Je garde ouvert à tout oiseau la porte de mon cœur. »

Quelques heures plus tard, d'un caillou bien ajusté, j'ai tué une tourterelle, dont j'ai suspendu le chant, pour la ramener à une petite quantité de viande après l'avoir plumée. Son odeur dans le feu, tous mes sens éveillés. J'ai ouvert mon cœur à tous les oiseaux, j'ai mangé la chair d'une tourterelle que d'un caillou bien ajusté j'ai tuée, l'arrêtant dans son vol, suspendant son chant. Le matin à venir ne l'entendra plus. Il est devenu silence bruyant dans mon ventre, silence bruyant dans ma conscience.

*

« Je saigne », dit une araignée à une mouche. La mouche lui répond : « J'espère que tu saigneras encore plus et mourras après une atroce agonie, pour que je te dévore ensuite. »

Un lion dit à une antilope : « Je saigne. » L'antilope lui répond : « J'espère que tu vas crever pour que je danse sur ton cadavre, avant que les hyènes et les vautours ne viennent se disputer ta carcasse ! »

Mais pas plus que l'antilope, la mouche, ni l'araignée, ni le lion n'éviteront les crocs et les griffes du destin. Pleurez pour vos propres malheurs, plutôt que de perdre du temps à rire de ceux des autres.

*

Le feu dit à la paille : « J'ai envie de dévorer quelque chose. » La paille lui répond : « Brûle-moi et ma cendre deviendra bientôt ton cimetière. — Je vais te brûler quand même. Je renaîtrai ailleurs. — Brûle-moi, et mourront par ta faute les insectes dont je porte l'avenir dans des œufs. — Il en naîtra d'autres. » La pluie se déchaîne qui éteint le feu.

*

Un serpent dit à une tortue : « Dis-moi comment m'y prendre pour parvenir à te mordre. » La tortue lui répond : « Vide-toi d'abord de ton venin, puis, je t'accueillerai à l'intérieur de ma carapace. — Sœur tortue, je veux goûter à ta chair, insiste le serpent. — Serpent, attends que je meure de ma mort, mais même ainsi, je serai pour toi un repas inaccessible. — Sœur tortue, alors, je te laisse et m'en vais. — Frère serpent, va, oui, va ! Une souris ou un rat, quelque part, t'attend. Donc, va et écoute ta langue bifide, mais ne renonce pas pour autant à ton rêve de carapace. Nous sommes aussi beaux de nos rêves impossibles. — Au revoir, sœur tortue. Un jour, peut-être, je pourrai t'avaler. — Frère tout petit serpent, je ne ris pas de ton beau rêve, mais même le boa, je peux te le dire, me laisserait à l'écart de ses envies. — Sœur tortue, au revoir. Bénie soit ta carapace, forteresse imprenable. »

Un homme arrive. Il tue le serpent, lui coupe la tête, et emporte la tortue entrée dans sa carapace. Une vipère mord l'homme, qui lâche la tortue et se sauve vers le village pour trouver le plus rapidement possible un remède contre le venin qui, dans son corps, ne va plus tarder à causer des dégâts. Quelques heures plus tard, des pleurs s'élèvent du village.

Un homme vient de mourir.

*

Nos parents nous parlaient des tortues aquatiques qu'ils avaient connues, eux. Ils disaient qu'elles étaient si énormes qu'on les prenait parfois pour des rochers. Mais celui qui avait le malheur de monter sur elles, en croyant se hisser ainsi sur un rocher, pouvait mourir noyé, car la tortue se retournait vivement et le faisait tomber dans l'eau avant de le couvrir de toute sa masse pesante. Dites-moi :

où sont-elles parties, ces énormes tortues dont nous parlaient nos parents ? Petit serpent, toi qui rêvais de goûter à la chair d'une tortue, toi dont la tête a été coupée par un homme, petit serpent, savais-tu que les tortues aquatiques sont carnivores et que les serpents figurent parmi leurs proies préférées ? Si elles n'avaient pas disparu de nos cours d'eau, tu aurais, qui sait, fini, petit serpent mort de la main de l'homme, entre les puissantes mâchoires de l'une d'entre elles.

*

Je sais que la bave d'escargot n'étanchera jamais la soif de la terre qui attend la pluie, que la fourmi n'envie pas à l'éléphant sa taille, que la girafe ne peut cueillir une étoile, que l'urine de l'éléphant n'éteint pas l'incendie qui se propage dans la brousse, que le lion, si puissant, ne peut tuer avec ses griffes ni avec quoi que ce soit d'autre sa propre ombre, que ce n'est pas parce que la poule a élevé les pintadeaux à la place de leur propre mère que, devenus grands, devenus pintades, ils s'abstiendraient de lui montrer qu'ils sont plus forts qu'elle, je sais que le monde est plein d'humains qui apprécient le gibier rapporté par les chiens mais ne supportent pas les crottes des canidés, je sais que si les paroles, même arrivant en torrents entiers, ne débordent pas facilement une oreille, le lit de la rivière est en revanche aisément rappelé à son étroitesse par les grosses pluies.

*

Le moineau a dit : « Aboubakar, tu donnes l'impression de savoir tout, mais, moi moineau, je sais une chose que tu ne sais pas, pourtant, je ne te dirai pas ce que je sais et que toi tu ne sais pas. Rappelle-toi cependant qu'il y a au moins une chose que toi qui donnes l'impression de tout savoir tu ne sais pas, et cette chose que tu ne sais pas, moi moineau je la connais. Je sais aussi qu'il y a au moins une chose que tu sais et que je ne sais pas. Avons-nous besoin de tout savoir, hein ? » J'ai répondu au moineau : « Je sais que tes ailes supportent ton poids dans les airs, mais que si le vent le voulait, il t'emporterait dans sa propre direction pour ta fin, que tes ailes, moineau, ne te sauveraient pas dans un tourbillon. — Je sais, moi aussi, moi moineau, que toi qui n'as pas d'ailes, le vent pourrait t'emporter vers la cime des arbres. »

Je sais, je sais, je sais... que sous les sabots d'un cheval, le ver de terre n'aurait aucune chance de s'en sortir vivant. Je sais, je sais que la fourmi ne fait tomber aucun arbre par son poids. Je sais, je sais que par ses dents, le rat fait des dégâts, mais que la pierre, des dents du rat, se moque. Je sais, je sais que le monde du vivant est un livre que personne n'a suffisamment d'esprit, d'intelligence, pour lire en entier, que nous tous, même les plus intelligents d'entre nous, n'en parcourrons, chacun, que quelques aspects, qu'ensemble nous n'en aurons lu, à la fin de notre présence ici-bas, que quelques pages.

Le moineau a dit : « Nous n'avons pas besoin de tout savoir. Je sais, moi, ce qui m'est utile pour aller vers le meilleur de moi-même jusqu'à ma mort qui, je le sais, me surprendra en chemin, dans les airs ou sur la terre. »

Moineau, je sais, moi, que l'infini livre de la nature commence par la vie et se clôt par la mort. Donc, il est fait de pages répétitives, qui n'en conservent pas moins leur beauté.

*

À un oiseau affamé qui se réjouissait de faire de lui sa pitance, un ver de terre dit : « Frère oiseau, avant de m'emporter pour apaiser ta faim, laisse-moi te raconter une histoire. » L'oiseau lui dit : « Sois bref donc, car, moi, j'ai faim. » Le ver de terre laisse s'écouler quelques instants avant de dire : « En vérité, frère oiseau, je n'ai aucune histoire à te raconter, j'ai juste peur de mourir, or, tu dois manger, donc, mange-moi. » L'oiseau lui répond : « Frère ver de terre, ne m'en veux pas, c'est parce que moi aussi j'ai peur de mourir de faim que je suis obligé de te manger. — Mange-moi donc, frère oiseau, mais, dis-moi : si tu m'épargnais, ne trouverais-tu pas autre chose pour répondre à ta faim, hein, des grains par exemple ? — Les grains appartiennent au monde des vivants. Que j'en avale un ou que je te mange toi, qu'est-ce que cela changerait, frère ver de terre ? — Frère oiseau, nous habitons la terre depuis très longtemps, toi et moi. Devrais-je te rappeler qu'en me mangeant tu me tuerais, alors qu'en avalant une graine tu lui donnerais la chance de germer là où elle retrouverait la terre en te sortant par le cloaque, hein ? — Frère ver de terre, voudrais-tu me condamner à ne plus me nourrir que de grains ? Voudrais-tu que je me prive d'insectes, de vers de terre, de petits animaux à ma portée ? Frère ver de terre, voudrais-tu que moi ton frère oiseau je renonce à ma ration de protéines ? — Non ! Bien sûr que non, frère oiseau, non ! Je n'ai pas le pouvoir, encore moins le droit, de changer ton régime alimentaire, non. Mais, comprends-moi, j'ai juste tenté de sauver ma vie, or, cela n'est pas juste pour toi qui dois trouver une réponse rapide à ta faim. Et je suis la réponse qu'il te faut. Donc, ne perds plus de temps, je te remercie cependant d'avoir accepté de m'accorder quelques instants de plus. Maintenant, mange-moi, frère oiseau. Ma petite vie ne mérite pas que l'ordre du monde, l'ordre des choses, soit modifié. Mange-moi, mon frère, et envole-toi vers ton propre destin. — Frère ver de terre, je suis désolé d'être celui qui mettra fin à ta vie. Je suis désolé de devoir te tuer. »

L'oiseau s'empare du ver de terre et s'envole. Mais, aussitôt, un caillou, lancé on ne sait par qui, l'atteint à la tête. Il retombe sur le sol en lâchant sa proie. L'oiseau est mort, le ver de terre est toujours vivant.

Le moineau a dit : « Je m'envole vers mon frère ver de terre, le survivant de cette fable, car j'ai faim. »

*

Au cours de la plus longue des vies humaines, combien de mouches s'évanouissent-elles ? Sans doute des milliards. Pourtant, n'as-tu pas l'impression, toi, qu'il y a trop de mouches sur la terre ? Je ne sais si tu te fais une petite idée du nombre d'espèces animales et végétales qui, sur cette terre, se disent, avec raison, qu'il y a trop d'humains, parce que partout où s'élargit le territoire des possibilités et des convoitises humaines, le leur se rétrécit et, dans beaucoup de cas, disparaît. Sais-tu de quel mystère sont venues les espèces en voie de disparition ou disparues ?

Le moineau a dit : « Ont disparu et disparaîtront toujours beaucoup d'espèces animales et végétales, mais la vie, avant sa propre Nuit, se manifestera encore en tant d'êtres dont les uns, aux yeux des autres, pourraient sembler en dangereuse prolifération. Je ne sais où seront les moineaux demain, je ne sais où seront toutes les espèces de passereaux demain, mais le ciel verra encore des milliards d'ailes qu'il éclairera de son œil de soleil ou de ses lampes d'étoiles et de lune. La vie, je vous le dis, en vérité, en vérité, ne craint pas les disparitions ni la prolifération, non, ce que craint la vie, c'est qu'un jour elle ne se retrouve privée de sa propre beauté qu'est l'ombre qu'elle porte. — Quelle est cette ombre, moineau, dont la vie craindrait la disparition ? — Aboubakar, as-tu déjà oublié notre pacte ? De quoi avons-nous décidé de parler ? N'est-ce pas toi-même qui avais défini cette ligne pour nos paroles, hein ? — La vie et la mort, moineau. — Voilà ! La mort est l'ombre portée de la vie. La vie ne craint donc pas la disparition des espèces, mais celle de sa propre ombre. — Moineau, je ne comprends pas. Pourquoi la vie craindrait-elle de perdre son ombre ? N'est-elle pas limitée par elle ? La mort ne limite-t-elle pas la vie ? — Si la vie perdait la mort, elle

cesserait tout simplement d'exister, Aboubakar, c'est ce que nous sommes en train de rappeler à ceux qui l'ont oublié, c'est ce que nous disons et continuerons de dire par nos fables et nos petites histoires. Nous sommes en train de chanter la beauté de la mort, ombre de la vie. — Moineau, tu as raison. — Je m'envole, Aboubakar. »
Je regarde le moineau s'en aller vers la branche d'un arbre. Je marche, moi, vers la forge de mon père. Ma silhouette me suit, allongée sur le sol. Je viens de comprendre : dans notre silhouette, il y a le tracé de notre propre cadavre. Notre silhouette est la beauté de notre mort à venir.

*

J'ai vu deux béliers en train de se battre violemment, le contact brutal de leurs cornes produit un bruit sec. J'ai vu un vautour fondre sur un plateau de raphia pour s'emparer d'une des boules molles fraîchement préparées à base de graines de néré, mises à sécher et qui, avec leur très forte odeur, constituent un ingrédient prisé pour les sauces. J'ai vu l'accouplement d'un canard et d'une canne, le gros mâle sur la femelle dont il caresse le plumage avec son bec, tout en s'agitant légèrement, et son sexe, tout rose, en spirale, sort, sort, sort, pour ensuite trouver le cloaque de la femelle, saillie qui dure un certain moment, avant que le mâle ne se retire de la femelle et que son sexe en spirale ne commence à disparaître en lui. J'ai vu un coq se tromper de partenaire et monter une canette. J'ai vu un chien et une chienne s'accoupler, ils se retrouvent pris au piège de leurs organes génitaux. Ils tentent de se libérer l'un de l'autre. Les enfants lancent des pierres au couple de chiens. J'ai vu deux mouches s'accoupler. J'ai vu des vers de terre se traîner sur le sol mouillé.

Le moineau a dit : « Aboubakar, les yeux qui voient doivent faire le tri dans le désordre des choses et des êtres. »

*

Le moineau a dit : « Le feu a consumé le toit de paille de ta maison, et te voilà en larmes, mais n'avais-tu pas cherché, par tous les moyens, en vain, à te débarrasser des termites qui mangeaient la paille du toit de ta maison ? Donc, essuie tes larmes et salue le feu, car, lui, il a tué les termites ! » Le Ciel rit et dit : « Sur la tête chauve de l'homme qui n'a plus de toit, je vais envoyer des grêlons aussi durs que des cailloux, moi Ciel, Toit de toute la terre ! » Le moineau a dit : « Tu te plaignais des poux dans tes cheveux et cherchais par tous les moyens à t'en débarrasser, donc réjouis-toi aujourd'hui d'être devenu chauve, car, maintenant, ta tête n'aura plus à subir des poux. » Le Ciel rit et dit : « Sur la tête de l'homme chauve, je vais envoyer des grêlons aussi durs que des cailloux, moi Ciel, toit de la terre. » Le moineau a dit : « Toutes les solutions à nos problèmes ne contribuent pas à y mettre fin, elles les déplacent ailleurs, nos problèmes, qui, souvent, rient de nous. »

*

Au cimetière de mon village, les rats creusent des trous pour aller se nourrir de la chair humaine dans les tombes. Ils deviennent ainsi vraiment très gros, mais, parce qu'ils se nourrissent de la chair humaine, ils échappent à l'appétit des humains. Cependant, d'eux, les chiens de mon village raffolent. Donc, par le biais des rats du cimetière de mon village, les chiens de mon village se nourrissent aussi des femmes et des hommes de mon village dont ils ont été des serviteurs fidèles.

Le moineau a dit : « La chaîne alimentaire, cette cruelle et mystérieuse fraternité universelle ! »

*

Notre cimetière est un village calme que viennent visiter les crabes terrestres. Comme les rats, ils y font des trous et entrent dans les profondeurs de la terre, par où s'échappent les âmes mortes pour s'en aller quêter la renaissance dans l'Infini du Temps.

Processions de crabes invisibles vers les habitations, où ils s'en prennent à la beauté des seins, surtout des mères allaitantes, dont ils précipitent la migration vers la Nuit.

*

Le moineau a dit : « Il n'y a nul endroit au monde où j'aurais, pour ma cause, un défenseur, car, partout dans ce monde, moi, petit moineau, je dois, au fil des jours qui m'emportent vers l'absence que je serai, composer avec la possibilité de ma fin soudaine, je dois, cependant, en pensant à ma fin, me consoler avec cette idée que je vous prie de faire vôtre : ce qui a du sens dans ce monde, sur notre commune terre, ce n'est pas moi en tant que moineau, mais la chaîne que constituent, ininterrompue, tous les moineaux. Je suis un point dans un champ infini de points, et on peut m'effacer sans pour autant détruire l'harmonie du champ de points. Je ne suis qu'un passager ailé, tout petit moineau, au cœur de l'éternité des créatures volatiles. »

*

Le moineau a dit : « Ne riez pas du moustique qui affirme qu'il terrasserait un éléphant juste en se projetant de tout son poids (sacré poids de moustique) contre lui. Ne riez pas de ce moustique, car ses prétentions ne sont pas plus ridicules que les vôtres. »

*

Moineau, pour moi, ici s'arrêtent les souvenirs, mais commence la danse ! Je vais danser avec les crapauds de ma mémoire, pas si beaux, plutôt laids, disait mon père, et avec les grenouilles de mes souvenirs, plutôt belles, élégantes, avec leur saut magique, corps stylé, disait le forgeron boiteux, mon père. Maintenant, ils peuvent, ces batraciens, donc les crapauds pas beaux et les grenouilles si belles, commencer à chanter pour apporter à la fête finale leur chœur mélodieux. Je m'en vais danser avec les crapauds et les grenouilles de ma mémoire, proies des serpents, prédateurs de tant d'insectes, je m'en vais danser avec vous, et je marche vers les zones humides, marécageuses, près du fleuve, pour vous retrouver, batraciens.

Et en marchant vers vous, j'ai vu, assis seul sur une pierre, seul et triste, un petit crapaud. Je lui ai demandé : « Qu'attends-tu assis sur une pierre ? — J'attends l'avenir, me répondit-il. — L'avenir ? m'étonnai-je. Ah ! L'avenir ! Mais l'avenir ne vient pas, petit crapaud, il s'en va. Il est donc devant toi, pas ici. Tu t'es mis dangereusement en retard sur lui. L'avenir passe très vite, trop vite. Seul demeure et enfle infiniment le passé, dont tu es déjà, toi-même, un fragment. Bien que si jeune, tu es déjà au passé, en partie. Et, peut-être, es-tu déjà dépassé. Mais lève-toi pour courir quand même. Peut-être rattraperas-tu un bout de ton avenir que tu as commis l'erreur d'attendre assis ici. Sache cependant que, peut-être, pour toi, le meilleur est déjà au passé et le pire, toujours une possibilité. — Tu me dis tout ça, mais, alors, Aboubakar, pourquoi tu ne cours pas, toi, toi qui prétends que nous devrions courir derrière notre avenir ? Pourquoi toi tu ne cours pas ? — Petit crapaud, moi je n'attends pas l'avenir ni ne cours derrière lui, je le fabrique, je me le fabrique. Mais cela revient au même : pour toi et pour moi, l'avenir est potentiellement dangereux et surtout éphémère, alors que le passé, dont toi et moi sommes des fragments, grossit, enfle, enfle, enfle. — Je ne comprends pas tout ce que tu tentes de m'expliquer, mais, Aboubakar, je vais courir. — C'est en effet le mieux que tu puisses faire, courir. Comme tant d'autres crapauds avant toi, courir vers la lumière d'une voiture, par exemple, courir comme volent tant d'insectes vers le feu. Mais cours quand même. Moi, qui n'ai pas besoin de courir, je m'en vais, te dis-je, petit crapaud, danser avec les autres batraciens dont les chants déjà me parviennent, je serai de cette mêlée, de leur mêlée. — Adieu Aboubakar! Où que tu ailles, emporte-moi dans ta mémoire. Où que tu finisses, mon ombre t'accompagnera pour la traversée de l'horizon vers l'autre monde.»

Et le petit crapaud sautant, courant, chantant, s'en alla vers son avenir, comme moi, vers le mien.

*

Le moineau a dit : «Des chaînes ininterrompues, des spirales de complémentarités conflictuelles à la vie à la mort, et ce des plus énormes aux plus petites créatures, des visibles aux invisibles. Je regarde une poule du forgeron. Je vois, autour de ses yeux, de petits parasites, de tout petits, je sais qu'ils lui sucent le sang. Je sais aussi que dans ses intestins, il y a forcément d'autres parasites. Le bélier blanc du forgeron vient d'éternuer, et cela lui a permis d'expulser de ses narines, noyée dans sa morve, la larve d'une espèce de mouche, et je sais que quelques jours plus tôt, le même bélier avait encore, entre les sabots d'une de ses pattes antérieures, une plaie causée par une larve qui avait vécu dans sa chair, entamé sa métamorphose dans son corps. Je regarde les nombreuses puces, les nombreuses tiques, dans les poils des chiens, des moutons, des chèvres. Je sais qu'en nous des bactéries, nombreuses, vivent. Vers ronds, vers plats et autres parasites en nous. Je vois l'escargot qui porte en lui une larve, laquelle larve, au fond de sa coquille, le dévore vivant, il a du mal à habiter sa coquille, ses yeux érigés en deux antennes le guident vers sa mort, mais il bouge comme pour s'en éloigner. Un cadavre d'un petit oiseau et les mouches, par centaines, y déposent des larves qui, dans ce corps en putréfaction, dont elles ont contribué à la décomposition, grouillent et m'attirent. Le palmier, le rônier, le cocotier, attaqués par les larves de coléoptère, ces vers énormes, tels des asticots géants, qui se développeront ensuite dans des cocons. Oh! Un champignon blanc pourri que dévorent tant d'asticots, et voici que vient un oiseau qui, moi, des asticots, fait son festin, et des fourmis arrivent qui, elles aussi, des asticots, s'emparent. Cette odeur, ah, je vois, des excréments humains qui ont attiré tant de mouches qui y déposent leurs larves blanches, alors que, venus en vol, des bousiers tombent près de cette source d'une odeur appétissante pour eux, ils les découpent, les excréments, et en font des boules qu'ils poussent en marche arrière de leurs pattes. La poule et ses poussins ont déniché des termites : festin. Le coq avale une petite couleuvre et étire son cou, on dirait qu'il a mal, qu'il souffre, mais non, le serpent disparaît dans son gosier, et le coq, repu, chante. Un canard vient de s'emparer d'un poussin, des pintades attaquent une poule, la poule. Le criquet attrapé par un margouillat. La libellule qui s'envole, le papillon qui s'envole, le cabri qui, nettoyé par sa mère, tente de se mettre debout, oh, le petit caméléon de quelques jours seulement, qui, avec précaution, prend le pouls du monde sur la branche de l'anacardier, des œufs de crapaud sortent des têtards, si beaux, la guêpe a pondu des œufs dans le corps d'une chenille vivante, nourriture de ses futures larves. Dans les cheveux des humains, des poux. Dans leurs poils pubiens, des morpions. Dans leurs lits, des punaises. Les singes s'épouillent, ils délogent de leurs poils des poux qu'ils portent à leur bouche, ils les mangent. Tant d'insectes, dont les moustiques, qui piquent, de jour et de nuit, à l'intérieur des maisons, au village et dans la brousse. Cette belle plante fleurie, mais qui, au lieu de faire racine dans la terre, s'est développée dans un arbre, donc, cette belle plante est un parasite. Son existence dépend de l'arbre dans lequel elle a pris vie, qui la nourrit en allant, avec ses racines à lui, puiser de la nourriture dans la terre. La voilà florissante, épanouie aux crochets de l'arbre. Ce ver dans l'orange deviendra un insecte, c'est une larve. Larves de charançons dans les haricots, le mil, le maïs... »

Le moineau a dit : « Dans les airs, sur le sol, sous la terre, dans l'eau, où qu'on envisage la vie, s'inscrit comme une forme divine de solidarité entre les vivants. Compétitions, collaborations, prédations..., tout cela est un spectacle permanent, magnifique, un spectacle divin. Il me fascine, j'y contribue. Je me suis posé sur une branche pour m'en souvenir, me souvenir, avant la Nuit, du beau spectacle du Jour et avoir le Jour comme rêve lorsque ma tête de moineau reposera sur l'oreiller des lumières de la Nuit. »

*

Le moineau a dit : « La néphile dorée, la grosse araignée, a tissé sa toile, une toile jaune. Mais, voyons voir, découvrir un nouveau goût, une nouvelle saveur, le monde étant un champ de découvertes. Cette grosse araignée, la néphile à la toile jaune, voyons voir, m'emparer d'elle ! De là où je suis, quelques secondes pour parvenir à la grosse araignée dans sa toile jaune, voyons voir. Je m'envole, sûr de moi, c'est elle que je vise, la grosse araignée, et je frappe de mon poids contre cette toile qui, au lieu de céder, me retient. Je crois qu'il s'agit juste d'un bref moment désagréable à passer, puis je m'en irai à tire-d'aile, mais plus je lutte pour échapper à cette toile collante, élastique, et plus s'impose à ma conscience la terrifiante vérité à laquelle je refuse de me résoudre. Pourtant, cette araignée, la néphile, a conçu sa toile pour des petits oiseaux comme moi. Mes ailes, mon bec, mes pattes, mobilisés dans une lutte vaine, mais je refuse toujours de m'imaginer repas d'une araignée, jusqu'à ce qu'elle vienne, l'araignée, pour commencer à m'ensevelir dans un linceul de toile jaune, que je me sente prisonnier d'un linceul, que mes forces m'abandonnent, que je sois obligé d'admettre que je suis en train de faire l'expérience de la mort, que mon aventure terrestre s'arrêtera là. L'appât, celui qui attire le petit poisson inconscient de l'hameçon, l'appât, auquel nous pousse à répondre l'impératif de notre ventre, l'appât qui engourdit notre expérience, notre méfiance cultivée de génération en génération, l'appât, n'est-ce pas cela aussi la vie, tout à notre portée, l'appât, irrésistible, le piège sans fin de la vie, qui parle à notre ventre, à tout notre être, l'appât, qui nous fait voir comme l'instant de triomphe ce qui en vérité est la face embellie de notre chute, de notre fin ?

Ne vous moquez pas de moi, repas d'une araignée que j'avais crue être proie à ma portée, ne vous moquez pas de moi, car, en vérité, en vérité, sur votre chemin, vous aussi répondrez sans doute à l'appel des toiles d'araignées, à l'appel de l'appât, comme moi. Oui, nous avons une malédiction inscrite au cœur de notre commune condition de vivants : notre ventre qui, par mille cordes, nous tient et nous entraîne partout, sur la terre, dans les airs, dans l'eau, dans le feu, vers les dangereux objets de notre tentation. Je vous dis adieu, ici se termine mon aventure. Ne me pleurez pas ! Comme je vous l'ai déjà dit, dans celle de millions d'autres moineaux, continuera ma vie, ma mémoire sera toujours intacte en eux, ne me pleurez donc pas, je vous prie cependant de vous souvenir de moi, de vous souvenir de ma part d'expérience, que j'ai tenté de vous léguer. »

AU MOINEAU DE MA MÉMOIRE

Moineau, chacun de nous vient sur la terre habiter une miette, assez dérisoire, de l'Éternité, puis s'en va. De ce bref passage ici-bas, il ne reste, en général, rien, et même les traces les plus solides, les plus durables, finissent par s'effriter pour engraisser l'oubli. Cependant, devant l'oubli que nous serons forcément, fleuriront d'abord les souvenirs. C'est pourquoi toi et moi avons chanté les nôtres, dérisoires souvenirs, les nôtres, notes à peine audibles dans le concert du Tout. Pars donc, moineau, pour entrer dans le champ de l'Infini où le silence nous attend. Adieu, moineau, oiseau de mon enfance, volatile de ma mémoire. Adieu, toi que la néphile a soustrait à mon amour, adieu, petit oiseau! Mais je te porte encore en moi, dans ma vie.

Tu sais, moi j'ai beaucoup voyagé et peut-être voyagerai-je encore maintes fois, même si, tu le sais, moineau, je n'ai signé nul pacte avec le destin pour savoir dans quel coin du monde, ni comment, ni quand, brutalement ou de façon apaisée, je finirai. J'ai beaucoup voyagé et de mes voyages, moineau, je t'aurais rapporté des histoires, des mythes, dont nous aurions fait de nouvelles fleurs pour les mythes de notre village, je t'aurais nourri des légendes du monde. Chaque mythe qui implique un oiseau me réveille à ton souvenir.

Ainsi, Naples, ville où, au-delà de toutes ses facettes, au cœur de toute sa richesse, Pulcinella a ressuscité en moi, dans ma mémoire, tous les oiseaux de mon village, mais surtout toi, moineau. Pulcinella, poussin sortant de l'œuf? Pulcinella au bec crochu? Pulcinella avec sa casaque aussi blanche que le linceul des morts de notre village? Pulcinella, Pulcinella! Moineau, tu aurais aimé cette ville, Naples, la ville de l'œuf. Souviens-toi. Au début de notre histoire, de nos fables, c'est de l'œuf que tu as parlé au baobab. Tu lui as rappelé que celui d'où tu es sorti, toi si petit, est aussi, sinon plus, gros que la graine d'où lui, le géant, a émergé. Tu as rappelé au baobab qu'au début de la vie il y a l'œuf ou la graine. Je pense qu'à Naples il y aurait eu, moineau, beaucoup d'oreilles pour t'écouter, car, là-bas, ils connaissent, peut-être mieux que tous les autres peuples du monde, ce qu'est l'œuf. Mais, là-bas, surtout, moineau, tu aurais découvert ce mythe, le mythe de Pulcinella.

Qui sait, moineau, tu aurais alors porté le masque au nez crochu de Pulcinella, que tu aurais volé à la ville pour le rapporter dans notre village et en faire notre nouveau fétiche, qui sait, hein? Naples, l'oiseau, l'œuf, mais, moineau, Naples, c'est aussi une autre histoire. Et cette histoire-là, ce n'est pas moi qui vais te la raconter, non, ce n'est pas de ma bouche que tu la tiendras. Donc, je me tais pour que tu entendes cette autre voix, une voix née précocement au chant du monde. Moineau, écoute donc l'autre voix, cette autre voix, celle qui va te parler maintenant de Naples et du pouvoir de fascination de Pulcinella.

Moineau, tu comprendras alors que là-bas, à Naples, si loin de notre village, c'est toujours de nos vies qu'il s'agit.

Du moineau et de nos vies

Par Ananda Devi

Naples nous avait surpris en plein déluge de Polichinelles. Un peu avant, le sol avait tremblé. Nous étions sur une rue en pente, passablement ivres (c'était mon anniversaire), et les fenêtres alourdies de regards semblaient reluquer mon sari orange. Les immeubles s'étaient refermés sur leurs escaliers, sur leurs fresques et leurs bas-reliefs et leurs tags, sur ce paradoxe qui faisait côtoyer la grandeur et le sordide dans une même dimension. Une vieille femme aux longs cheveux blancs, debout sur le toit, nous contemplait, bras levés vers le ciel comme pour nous prévenir de l'imminence du désastre. Ou nous interdire d'aller plus loin.

Les pavés nous ont rappelé qu'ils dissimulaient au fond d'eux une âme de lave. Leur apparente solidité était trompeuse. Ce soir-là, nos pieds ont commencé à s'enfoncer dans leur matière intime, alors que, pour une fois, l'occasion nous était donnée de nous envoler.

Car en haut de cette rue dont la déclivité semblait tout à coup absolue, l'idée ne nous était-elle pas venue de nous jeter dans le vide et de nous tendre vers les profondeurs de ce ciel aux zébrures argent ou de cette terre aux veines d'or ? Sachant que notre plus grande crainte était celle de ne plus pouvoir écrire, et que plus le temps passait, plus cette crainte se précisait, quelle plus belle tentation que celle de pénétrer entre les jambes de Naples et de nous y arrimer, de nous y amarrer et de ne plus jamais quitter ses ruissellements onctueux ?

En équilibre sur ce fil invisible, je t'ai dit que le volcan était peut-être en train de s'éveiller.

Bien sûr, as-tu répondu : en moi, en toi. Et ce sari n'est-il pas une coulée de lave annonçant l'éruption ?

Tu as ri et le même feu a fait étinceler les pavés.

Non, ce n'est pas ce que je voulais dire... Je crois que – je crois que –

Je ne savais plus comment exprimer ce que me communiquait la ville.

Ce soir-là, les constellations avaient adopté des couleurs primaires et des positions incongrues. Alpha du Centaure, qui m'avait toujours guidée, était devenu visible dans le ciel septentrional alors qu'il ne l'est jamais. Les imbrications des étoiles commençaient à évoquer une bien curieuse danse de chairs entremêlées. Le ciel de Naples était brassé d'une cadence mortifère, subjuguant mes oreilles. Les murs vibraient d'une attente. Je me suis dit que je ne pouvais plus braver la marée qui montait aussi résolument de son ventre.

Il y avait, quelque part, un piège qui s'était ouvert. Peut-être un glissement de terrain avait-il ouvert une brèche qui menaçait de nous séparer, de nous entraîner loin l'un de l'autre alors que nous étions venus pour sceller l'alliance des désunis ? Toujours est-il que ce soir-là je serais crucifiée et toi emprisonné dans une chambre close où tu négligerais d'allumer la lumière et où tes femmes de soie et de chiffon ne parviendraient pas à te faire oublier cet abandon.

Nous aurions dû savoir que l'on ne s'aventure pas inopinément dans la ville de Naples. Encore moins des écrivains qui vivent en permanence sur une ligne de faille où ils rêvent et menacent de basculer dans leur œuvre, parce qu'elle leur semble plus riche qu'eux. Toi et moi, nous nous évertuions à rejoindre dans leur chair nos personnages ; à faire partie d'eux ; à boire jusqu'à la lie l'épaisseur de leur sang ; et à oublier nos secrètes pâleurs, nos frayeurs, nos insuffisances. Ta peur de la maladie ; ma peur de l'échec. Nos regards parfois cyniques sur un monde en déhiscence. Tous les liens qui nous retiennent au sol et nous empêchent de voler. Tout ce qu'il y a de disparate entre les lieux qui nous habitent et les lieux où nous habitons.

Nous aurions dû savoir que Naples serait l'un de ces lieux où les frontières s'effacent. Où il nous serait possible de franchir la ligne de démarcation et sauter à pieds joints dans nos imaginaires, dans nos eaux troubles, dans notre sève sanglante et sanguinaire. Car elle sait que ses jours sont comptés. Cela dure depuis des millénaires, mais la sensation d'une fin proche n'en est pas moins réelle. Et cela lui donne ce sourire carnassier, ce corps infiniment offert, ce trou où plonger pour rejoindre sa vérité.

Nous aurions dû savoir quelle serait la tentation de Naples, et sa magie. Mais nous y sommes arrivés comme des enfants, avec la même innocence un peu blasée. Boulot d'écrivains, rencontres, lectures, paraître, représentation d'un soi qui n'a rien à voir avec ce que l'on est réellement. Ta balafre est devenue un sujet de commentaires sans que personne y reconnaisse les entailles pareilles à celles qui traversaient la ville. Ma nature de sorcière s'est ensevelie sous les froufrous vaporeux de mes saris jaunes, rouges, orange. Nous avons été effacés par nous-mêmes, mais la ville, elle, savait. Elle nous attendait.

Ce soir-là, celui de mon anniversaire, nos regards se sont croisés lors d'un cocktail mondain. De quoi avions-nous parlé, avant, devant le public ? Je me souvenais de ma lassitude rageuse, écoutant les élucubrations de l'un des écrivains présents qui frimait à outrance pour le plus grand plaisir du public. Je me souvenais d'avoir parlé, mais de quoi, je n'en avais aucune idée. Ensuite, tu m'as proposé une coupe de champagne pour célébrer cet anniversaire dont personne n'était au courant. Alors, nous avons bu et parlé. Nous nous sommes isolés de la foule, et peu après nous sommes sortis. Avons marché au hasard dans les rues de la ville, sans nous rendre compte qu'il n'y avait là aucun hasard : c'était elle qui guidait nos pas. De nos bouches sont sorties des promesses de mourir un jour ensemble quand l'inspiration nous ferait défaut. La ville nous communiquait son désespoir exalté.

Le sol a tremblé. Ou peut-être était-ce nous. Dans le couvent des carmélites, des voix de pleureuses se sont élevées. Et de la chapelle voisine, le doux bruit du frottement des cuisses des dévotes s'avançant à genoux. Si long était ce voyage jusqu'à l'autel du Christ allongé, disait-on, qu'elles parvenaient à l'orgasme avant d'y arriver. Ainsi étaient-elles persuadées d'avoir été bénies de l'onction divine.

Ce susurrement des chairs cachées sous leurs amples étoffes imprégnait les pierres et les corps et l'air même qui entourait la chapelle. Il nous a de même enveloppés, nous faisant croire que nous aussi avancions à genoux vers un autel ancien, celui où s'allongeaient nos personnages écartelés, dépecés, cloués à leur extase.

Mais il y avait aussi là nos autres, ceux qui nous ont hantés bien avant que l'écriture ne fasse couler en nous son encre : ton père, le forgeron, le boiteux, ta mère, l'illuminée de ses douleurs, ma mère, grande prêtresse de mes tragédies, mon grand-père, dont le sourire menaçant hantait mes rêves et mes livres, la dense luminosité de mon père, et ainsi de suite, ceux qui nous ont façonnés et ont inscrit dans notre pierre leur livre d'amour et d'iniquité. Toute notre vie a été une tentative de les recréer depuis les remous qui nous tiennent lieu d'organes. Comme si tout, déjà, à l'intérieur de nous, était en voie de putréfaction et que seule l'écriture nous permettrait d'exciser nos plaies et peut-être d'en guérir.

Alors, ce trop-plein de nos ombres, de nos géhennes, en cette nuit de lave remuée et de magma troublé, et parce que du forgeron de ton village à Vulcain, qui veillait sur la ville intranquille, il n'y avait qu'un pas, il nous a menés vers un lieu où les dieux et les monstres de Naples veillaient : un atelier immense, où des milliers de Pulcinella fabriqués dans toutes les matières inorganiques et organiques attendaient de se réveiller pour se livrer à leur danse macabre sur les braises de Naples. Depuis toujours, ce personnage était le gardien des désastres. Il savait qu'un jour Naples rejoindrait Pompéi et Herculanum. Un jour, toute la vitalité excessive de cette ville serait figée pour la postérité dans une couche de lave, et il appartiendrait alors à son emblème, Pulcinella, d'en émerger vivant sous la forme de l'œuf primordial, de rassembler par-devers lui les énergies inscrites dans le soufre, de danser sur les ruines, et de ramener à la vie les habitants de la ville.

Titubant dans cet atelier, nous avons découvert la source de Naples, le lien terrible qui reliait la créature issue d'un œuf aux enfers qui attendaient sous sa surface. Et c'était le même lien qui reliait ton moineau à la voix subtile aux gouffres ouverts de ta déraison.

Les statues se sont tournées vers nous. Une chair féminine, ont-elles dit, reniflant avec délices, c'est ce que nous attendions ! Tu t'es figé, étonné qu'elles nous parlent d'une telle voix, unique et magnifiée. Nous ne savions si devant nos yeux se dandinaient des Pulcinella, ou bien les arbres qui les avaient avalés, ou bien les œufs qui les avaient engendrés. Toutes les formes s'entremêlaient, comme ne sachant quelle était leur forme définitive. Peut-être n'en avaient-elles pas, et que l'idée de l'artiste était de laisser la matière en décider. Le bec, presque phallique, de la créature, était partout. Et un œil inquisiteur nous surveillait sous la forme d'un rat immense présidant son assemblée de damnés.

Viens, allons-nous-en, m'as-tu dit, pressentant la fascination qui s'était emparée de moi. Ici n'est pas la vraie lumière.

Qu'en sais-tu ?

Ce n'est pas, as-tu répondu, te citant toi-même, *celle qui court du ventre de la terre jusqu'aux étoiles, touche tout le monde, qu'on vole, qu'on marche à deux ou à quatre pattes, qu'on rampe, qu'on nage, qu'on soit visible ou invisible, grand ou petit.* Cette lumière-là, je la connais, je l'ai bue tout petit au sein de ma mère et aux souches du baobab, elle n'est pas ici, tu vas vers l'envers du jour, là où ne t'attend que le désespoir, puisque Naples depuis toujours se sait condamnée. Viens!

Je me sais aussi condamnée, ai-je dit. Les marionnettes me tendaient les bras. Et la ménagerie était identique à celle de tes forêts et de tes moineaux et de tes vipères. Tu souriais en pensant à tes douleurs. Je grimaçais en pensant à mes bonheurs.

Comment pouvais-je m'empêcher de toucher aux lèvres de Naples? Jamais occasion pareille ne me serait offerte. Jamais je n'avais ressenti une telle résonance avec nos natures, avec les boues qui longeaient nos âmes, avec la densité pourrie de nos matières. Je voulais y plonger les mains, laper le sang qui s'échappait de l'œuf à moitié éclos, oindre mes cheveux du bitume des ventres, offrir mon corps à la déliquescence du sexe.

Je suis amoureuse, ai-je dit.

De l'artiste? as-tu demandé, incrédule.

Pas de l'artiste mais de l'art, ai-je répondu, les yeux brillants. Ces corps exquis, ces mains, ces œufs, ces rats, ces morts, c'est tout ce que j'avais toujours voulu rencontrer pour savoir que je n'étais pas seule.

C'est ce que je t'ai offert, as-tu dit, attristé.

Mais c'est bien toi qui es là, tu y es tout entier!
Mais une main s'est alors emparée de mes cheveux et m'a tirée en arrière, avec violence.
Ne t'abandonne pas à eux, ils te suceront jusqu'à ce que tu ne sois plus qu'une cosse desséchée, après ils te jetteront comme une poupée de chiffon.
Belle mort.
Je ne savais pas pourquoi je voulais tenter cette expérience, comme si c'était la seule chance qui me demeurât de me perdre. Oui, c'était cela, me perdre, oublier le chemin des vertus, renier tout ce qui me rattache à une vision affadie de moi-même, rejoindre celle qui porte en elle de riches devenirs. Être enfin, peut-être, à la hauteur de tes attentes. Il me fallait partir pour mieux te rejoindre. Du moins, c'était là l'excuse que je m'offrais.
Tu m'as regardée tristement. Eh bien vas-y, as-tu dit. Si c'est cela que tu cherches, qui suis-je pour te l'interdire? N'ai-je pas toujours voulu t'ouvrir toutes les portes?
Un instant en suspens entre ceux qui me tiraient les cheveux et celui qui me regardait avec tant d'aimante douleur, je me suis demandé si je faisais fausse route. Mais non : tes livres étaient là, qui m'attendaient.
Naples ne m'a pas donné le temps de changer d'avis : j'ai plongé parmi les bouches des Pulcinella ivres de ma présence vivante, et leurs paumes, et leurs sexes, et leurs entrailles, et autour de moi s'élevaient des racines musculeuses qui se sont mises à encercler mon corps, à défaire les bribes des saris, à ouvrir tout ce qui en moi était jusqu'ici demeuré clos pour révéler les secrets qui me faisaient

trembler d'effroi et de plaisir. L'acier m'a encastrée dans une nasse froide d'où émergeaient des ardillons qui déchiraient ma peau, les gouttes de mon sang ont atterri sur des langues avides, prêtes à les recevoir, prêtes à me repeindre de ma propre couleur intime en laissant sur mes cuisses des traces carmin, les morsures de dents minuscules sur la plante de mes pieds me faisaient tressauter d'un rire terrifié, et que de liquides, grands dieux, s'échappaient ainsi de ce corps répandu, beaux ruissellements blancs, transparence de l'albumen, pertes nocturnes huilant les mouvements d'essieux des machines, salive argentée glissant sur les convexités des lèvres, sur les chairs tuméfiées, toutes les exsudations du corps féminin si prêt à recevoir, si prêt à donner, si prêt à tous les enfantements, si prêt à l'offrande, l'offrande, l'offrande même de l'agonie, peu à peu un autre sari est venu me recouvrir : le rouge de mes blessures s'écoulait joyeusement pour m'enrober de la soie la plus douce, qui en même temps se chargeait de l'incandescence du volcan.

Naples soupirait en me buvant à même ma bouche.

Défait, abîmé de regret, tu as voulu t'enfuir et t'enfermer. Tu as retrouvé une chambre aux échos sinistres qui semblait peuplée d'absence. De l'autre côté du mur, un robinet mal fermé laissait couler une eau rouillée, couleur de tes blessures. La solitude était une prison dont tu n'avais jamais été aussi conscient, et les barreaux portaient la marque de mes griffures, de mon abandon. Attendre, si longtemps, si patient, si tendre, si défait, attendre et te dire qu'un jour, un jour, attendre et voir nos routes se fissurer, attendre et écouter l'appel impérieux du volcan, attendre et voir, sur les pages qui t'entouraient, s'effacer tes rêves. Attendre et voir les tracés des lettres, des mots, des phrases s'évaporer comme si tout cela n'avait servi à rien, rien d'autre qu'à nous leurrer, un bref instant, d'une sorte d'immortalité. Attendre et comprendre que l'écriture, sans le corps, n'est rien, n'est qu'un fantôme, n'est qu'un miroir, et qu'il nous faut donner de cette chair-là, qui est sa vraie nature, de ces matières-là, qui sont sa véritable essence, de ces fluides-là, qui seuls longent ses veines et lui tiennent lieu d'encre. Attendre et tenter de faire de notre corps l'instrument de notre écriture, quitte à s'user bien trop vite, quitte à vieillir avant l'heure tandis que les mots nous bouffent par petites bouchées, quitte à oublier que nous avons parfois failli nous égarer et perdre de vue ce qui nous rendait vivants.

Attendre, dans une prison aux murs jaunes, une prison d'eau rouillée et de solitude exaspérée, que la muse se souvienne, si elle le veut bien, que tu es là et que tu lui as offert ton regard d'écrivain et d'homme, qui sont une seule et même chose, rien entre, rien d'autre.

Dehors, les chiens s'accouplaient en hurlant et le coq vieillissant a pondu un œuf qui a dévalé la pente menant vers l'atelier.

C'est alors que tu t'es redressé : l'homme peut être femme s'il le veut, as-tu murmuré, sachant que ce que je voulais, c'était cette chose entière et parfaite, pas la dichotomie qui m'avait réduite à si peu, à une pâle effigie de moi-même, cet éternel entrechoquement du mâle et de la femelle qui a si peu de sens, en vérité, par rapport à l'espèce, ce combat futile qui mobilise nos forces sans rien nous donner en retour, ce que je voulais, c'était quelqu'un qui pouvait être moi et lui sans solution de continuité, sans faux-semblants, sans jeux de domination, et il te fallait pour cela savoir que ton écriture m'avait déjà donné ce que j'attendais, sans même que tu t'en rendes compte.

Dehors, les tortues géantes s'accouplaient en gémissant comme des baleines échouées. Très loin d'ici, dans les forêts de cocotiers de l'île Praslin, les cocos mâles ont sauvagement pénétré les cocos femelles dans un rituel qui n'a lieu que tous les cent ans. La terre entière était remuée par ce qui se passait ici. Dans les grottes de sel de Rodrigues, le dernier des solitaires pleurait des larmes acides.

Tu t'es précipité vers l'atelier, et si puissante était ta course que les pavés se disloquaient à ton passage. C'était comme si un géant piétinait la ville en se dirigeant vers moi. Même le volcan s'est calmé en devinant qu'il se passait quelque chose de parfaitement inédit, que l'inconnu venait de pénétrer de plein fouet dans ses ombres, que ses certitudes vieilles de millénaires venaient d'être ébranlées par l'arrivée d'un homme qui était à la fois un vieillard et un nouveau-né, et un arbre qui poussait entre ces deux rives.

Dans l'atelier, de même, les Pulcinella se sont interrompus. Ils ont regardé autour d'eux, comme incertains de ce qui se passait, eux qui avaient tout connu et qui pensaient que notre présence était la seule vraie possibilité d'un renouveau qui leur fût offerte depuis si longtemps.

J'étais épuisée, habitée d'une très grande lassitude, tentant de comprendre les sensations qui couraient encore dans mon corps comme une armée d'insectes voraces. J'avais été retournée comme un gant, et ma chair à vif ressemblait à un coquillage dont la carapace n'avait pas encore durci. Une naissance, dans les eaux perlières de l'océan d'où j'étais issue, celui qui portait mon île sur son dos et l'empêchait de sombrer. Naissance de celle qui ne s'était jamais donné la permission d'être jusqu'à ce que tu sois.

Lorsque tu es arrivé, tu n'as vu que ce sari rouge dont j'étais vêtue ; sa violence, son acceptation de ce que cette souffrance m'avait offert de beau, et la façon dont ce vêtement qui faisait partie de mes obsessions s'était enfin inscrit en moi, si profondément qu'il se confondait désormais à ma peau. Ainsi serais-je vêtue désormais, à jamais, à jamais.

Te voyant te profiler à l'entrée de l'atelier, j'ai su ce que tu étais : l'étranger, le chien noir qui rôdait aux alentours du village, veillant sur les âmes mortes, obligeant les vivants à faire face à leurs terreurs, à leur étroitesse, à leur déréliction. Vous n'avez pas le droit d'oublier, leur disais-tu en jappant de colère. Mais ils oubliaient tout ; leur passé, leurs failles, leurs origines, leur avenir. Tout oublié. Sauf l'instant délétère où le meurtre devenait leur seul maître. Ainsi les corps entassés dans les charniers, ainsi les tueries stupides et immondes, ainsi la veulerie qui transformait la terre en dépotoir, ainsi le songe blessé de l'impossible. Pas le droit d'oublier, mais c'est ce qu'ils font tous, chaque jour, abrutis par l'inutile. Oublier.

Le chien noir est toujours tué, dans les histoires. Personne ne croit que sa menace soit salutaire. Il est tué, il mourra dans l'agonie, il sera dévoré par les mouches, les asticots, les vautours. Mais ces créatures sont porteuses de promesses. Elles font œuvre de recyclage, bien mieux que nos usines. Elles extraient des cadavres sucs et sucres délicieux, en nourrissent leur progéniture (nombreuse), transforment les cellules apoptosées en nouvelles cellules vivantes. Il n'y a pas de résidus, dans la nature, qui ne soient réutilisables. Rien ne se perd. D'ailleurs, les formes traditionnelles de sépulture respectent toutes ce principe : que l'on pourrisse sous terre, que l'on soit incinéré sur un bûcher de bois, que l'on soit exposé aux vautours, les cadavres sont recyclés. Mais les incinérateurs modernes utilisent de l'énergie pour brûler les corps. Le cycle est rompu.

Toi, l'étranger qui me vient ainsi, je sais qui tu es.

Chien noir, ange noir, baobab ou moineau, bébé balafré à la mèche d'albinos, ou bien autre chose encore. Regard noir dans le ventre du monde.

Dans Naples incandescente, tu viens me réclamer. Tu viens me dire que je n'ai pas le droit de mourir sans toi. Que notre pacte tient toujours. Nos terres sont vieilles et neuves, dis-tu, et elles ne nous quittent jamais. L'écrivain est de partout et de nulle part, dis-tu, mais surtout du lieu qui a donné naissance à son écriture, et ce lieu-là, invisible, enfoui, ne le quittera pas, peu importe où il va et où il écrit. Ce lieu-là est son intime secret. Il résiste à toutes les tentatives de l'exorciser. Parce que c'est là, et de ceux qui l'ont engendré, où sont nées ses hantises et ses obsessions. Nos géniteurs n'ont pas seulement été à l'origine de notre corps, ils ont aussi contribué à fabriquer l'écrivain. Sans l'héritage de leurs névroses, nous ne serions pas.

Je n'ai pas envie d'exorciser mon lieu d'écriture. Son ensorcellement m'est précieux. Mais d'avoir été pénétrée par les hantises de Naples, j'ai eu la sensation de faire partie de ce lieu ancien, d'avoir des millénaires dans ma peau, d'être l'héritière d'une histoire qui n'a ni début ni fin.

C'est la même chose pour ton île née du volcan. Et pour ma terre déchirée par ses racines.

Oui. C'est la même chose.

Tu m'as tendu la main pour me tirer de là. Mais les Pulcinella venaient de se rendre compte que quelque chose d'autre leur était offert. Pas juste une chair féminine, mais quelque chose de plus grand, et de plus fort : une relation osmotique entre deux imaginaires qui dialoguaient depuis deux décennies, qui se nourrissaient, qui s'enrichissaient l'un l'autre, qui, séparés, avaient leur propre envergure, mais, réunis, semblaient devenir plus qu'eux-mêmes. Une créature hybride, étrange et étrangère, de nulle part et de partout, prête à s'offrir au danger, prête à se métamorphoser et à se reproduire par mitose, et surtout prête à absorber tout ce qui, autour d'elle, pourrait lui tenir lieu de nourriture.

Je t'ai tendu la main afin que tu me tires de l'enchevêtrement de membres et de racines qui m'emprisonnait. Mais au moment où nos mains se sont rencontrées, l'une des racines s'est enroulée autour de ton poignet. Elle t'a tiré en avant, te déséquilibrant. Tu es tombé de tout ton long sur moi. Le rouge de mon sari a imprégné ta peau. Tu en as été enveloppé, comme moi.

Le volcan un instant tranquillisé s'est de nouveau réveillé. Les œufs, autour de nous, se sont craquelés. Il en sortait des moineaux et des poules, des vipères et des tortues, des chauves-souris et des agoutis, des solitaires et des anguilles. Ces dernières se sont faufilées vers nous, s'entortillant autour de nous comme si nous étions leurs parents.

La vie comme un œuf, as-tu dit.

Oui, la vie comme un œuf.

L'origine de toute chose. Et la fin, bien sûr. La fin.

Les estropiés, du corps et du cœur, nous regardaient. J'ai voulu dire à ma mère – j'ai essayé. Mais je ne suis pas certaine qu'elle aurait voulu que je mette à nu ses blessures. Tu n'es pas certain que ta mère, contrairement à ton père avec lequel tu dialogues sans cesse, aurait voulu que tu parles d'elle. Nous nous sommes approprié leurs blessures.

Nous en avons fait des œuvres.

Nous sommes des parasites.

Nous suçons le sang des nôtres.

C'est ce que nous ont dit les Pulcinella.

Alors, ont-ils ajouté, laissez-nous sucer votre encre.

Cela voulait-il dire qu'ils allaient nous dessécher ? Prendre notre envie d'écrire et en faire un membre de plus dans leur profusion phallique ?

Nous n'étions pas venus à Naples pour nous défaire de notre inspiration. Au contraire... Nous venions d'en être illuminés. Je m'étais offerte à elle comme une vierge sacrificielle, une vestale en quête de l'onction ultime, qui était celle de la chair, du susurrement des cuisses des agenouillées. Tu avais rejoint, à travers elle, ton jardin de délices, celui où tu vrillais les chairs de tes mots, de tes phrases.

Éblouis de miracles, nous lui avions donné tout ce qui nous semblait essentiel : la source de nos écrits.

Et maintenant, elle nous disait, soyez prêts à offrir davantage.

Les racines de l'arbre Pulcinella ont percé mes paumes et mes pieds. J'ai été écartelée. Au-dessus de moi, un bec attendait de percer mon cœur.

Mais au moment où il s'abaissait, tu t'es jeté sur moi. Le bec du moineau a traversé ton cœur et le mien.

Lorsque le volcan est entré en éruption, nous étions déjà morts.

Naples s'est figée sous une nappe de boue.

Des siècles plus tard, on nous retrouvera.

À côté de nous gisait le masque de tous les possibles.

Personne ne saura qui nous étions.

Sauf en écoutant les cris du moineau.

Le moineau et le baobab : ici se lève le jour   9
L'universelle lumière des vivants : mémoire du village   17
Au moineau de ma mémoire   123

Du moineau et de nos vies par Ananda Devi   125

DANS LA MÊME COLLECTION

José Eduardo AGUALUSA
La saison des fous

Aminata AIDARA
Je suis quelqu'un

Kangni ALEM
Un rêve d'Albatros

Théo ANANISSOH
Lisahohé
Un reptile par habitant
Ténèbres à midi
Delikatessen

Nathacha APPANAH
Les rochers de Poudre d'Or
Blue Bay Palace
La noce d'Anna

Mariama BARRY
Le cœur n'est pas un genou que l'on plie

Blick BASSY
Le Moabi Cinéma

Pascal BÉJANNIN
Mammo

BESSORA
Cueillez-moi jolis Messieurs...
Et si Dieu me demande, dites-Lui que je dors

Mongo BETI
Le Rebelle I
Le Rebelle II
Le Rebelle III

Florent COUAO-ZOTTI
Poulet-bicyclette et Cie
Western tchoukoutou

Jacques DALODÉ
Très bonnes nouvelles du Bénin

Ananda DEVI
Pagli
Soupir
Le long désir
La vie de Joséphin le fou

Aly DIALLO
La révolte du Kòmò

Ousmane DIARRA
Vieux Lézard
Pagne de femme
La route des clameurs

Eugène ÉBODÉ
La transmission
La divine colère
Silikani
Métisse palissade
La Rose dans le bus jaune
Souveraine Magnifique
Le Balcon de Dieu

EDEM
Port Mélo

Gaston-Paul EFFA
Le cri que tu pousses ne réveillera personne
Rendez-vous avec l'heure qui blesse
Le miraculé de Saint-Pierre
La verticale du cri

Libar M. FOFANA
Le fils de l'arbre
N'körö
Le cri des feuilles qui meurent
Le diable dévot
L'étrange rêve d'une femme inachevée
Comme la nuit se fait lorsque le jour s'en va

Emmanuel GENVRIN
Rock Sakay
Sabena

Mambou Aimée GNALI
Bèto na Bèto. Le poids de la tribu
L'or des femmes

Emmanuel GOUJON
Depuis le 11 septembre

Mahamat-Saleh HAROUN
Djibril ou les ombres portées

Marie-Thérèse HUMBERT
Les désancrés
Maisons et Royaumes

Sylvie KANDÉ
Lagon, lagunes
La quête infinie de l'autre rive

Fabienne KANOR
D'eaux douces
Humus
Les chiens ne font pas des chats
Anticorps

Edem KODJO
Lettre ouverte à l'Afrique cinquantenaire

Koffi KWAHULÉ
Babyface
Monsieur Ki. Rhapsodie parisienne à sourire pour caresser le temps

Henri LOPES
Ma grand-mère bantoue et mes ancêtres les Gaulois
Une enfant de Poto-Poto
Le Méridional

Antoine MATHA
Épitaphe

Justine MINTSA
Histoire d'Awu

Boniface MONGO-MBOUSSA
Désir d'Afrique
L'indocilité. Supplément au Désir d'Afrique

Scholastique MUKASONGA
Inyenzi ou les Cafards
La femme aux pieds nus
L'iguifou. Nouvelles rwandaises
Notre-Dame du Nil
Ce que murmurent les collines. Nouvelles rwandaises

Tidiane N'DIAYE
Les Falachas, Nègres errants du peuple juif
Le génocide voilé
Par-delà les ténèbres blanches
Le jaune et le noir
L'appel de la lune

Donato NDONGO
Les ténèbres de ta mémoire

Mamadou Mahmoud N'DONGO
La géométrie des variables
Mood Indigo
Remington
Les corps intermédiaires
Kraft
Golda Kane

Patrice NGANANG
L'invention du beau regard

Idi NOUHOU
Le roi des cons

Gaël OCTAVIA
La fin de Mame Baby

Frédéric OHLEN
Quintet
Les mains d'Isis

Jean-François SAMLONG
Une guillotine dans un train de nuit
En eaux troubles
Hallali pour un chasseur
Un soleil en exil

Arnold SÈNOU
Ainsi va l'hattéria

Amal SEWTOHUL
Histoire d'Ashok et d'autres personnages de moindre importance
Les voyages et aventures de Sanjay, explorateur mauricien des Anciens Mondes
Made in Mauritius

Natasha SOOBRAMANIEN
Genie et Paul

Sami TCHAK
Place des Fêtes
Hermina
La fête des masques
Les fables du moineau

Amos TUTUOLA
L'ivrogne dans la brousse

Tchicaya U TAM'SI
J'étais nu pour le premier baiser de ma mère, Œuvres complètes, I
La trilogie romanesque   Les cancrelats – Les méduses – Les phalènes, Œuvres complètes, II
Ces fruits si doux de l'arbre à pain – La main sèche – Légendes africaines, Œuvres complètes, III

Abdourahman A. WABERI
Rift Routes Rails
Transit

Composition : PCA/CMB.
Achevé d'imprimer
par l'Imprimerie Floch
à Mayenne, en décembre 2019.
Dépôt légal : décembre 2019.
Numéro d'imprimeur : 95411.

ISBN : 978-2-07-285745-4 / Imprimé en France.

355919